名师名校名校长

凝聚名师共识
回应名师关怀
打造名师品牌
培育名师群体

项目式学习

劳动课程资源开发

唐琼 胡善义 ◎ 主编

陕西师范大学 出版总社 西安

图书代号　JY24N2258

图书在版编目（CIP）数据

项目式学习劳动课程资源开发 / 唐琼，胡善义主编.
西安：陕西师范大学出版总社有限公司，2024.10.
ISBN 978-7-5695-4839-6

Ⅰ. G623.92

中国国家版本馆CIP数据核字第20241M1S95号

项目式学习劳动课程资源开发
XIANGMUSHI XUEXI LAODONG KECHENG ZIYUAN KAIFA

唐　琼　胡善义　主编

出 版 人	刘东风
出版统筹	杨　沁
特约编辑	杨　静
责任编辑	王　婉　温彬丽　冯晨旭
责任校对	魏　宁
封面设计	言之凿
出版发行	陕西师范大学出版总社
	（西安市长安南路199号　邮编 710062）
网　　址	http://www.snupg.com
印　　刷	北京政采印刷服务有限公司
开　　本	710 mm×1000 mm　1/16
印　　张	15.25
字　　数	200千
版　　次	2025年3月第1版
印　　次	2025年3月第1次印刷
书　　号	ISBN 978-7-5695-4839-6
定　　价	58.00元

读者使用时若发现印装质量问题，请与本社联系、调换。
电话：（029）85308697

编委会

主　编：唐　琼　胡善义
编　委：（排名不分先后）
　　　　刘晶晶　曾晓华　蓝小青　赵津津　杨云和
　　　　徐　波　覃　力　周　敏　张少丽　刘思琪
　　　　刘芳玲　史　悦　蒋　莹　杨冰钰

劳动教育具有树德、增智、强体、育美的综合育人价值，是学校教育的重要内容。2020年3月，《中共中央 国务院关于全面加强新时代大中小学劳动教育的意见》提出全面构建体现时代特征的劳动教育体系，广泛开展劳动教育实践活动。《义务教育课程方案（2022年版）》也提出，要积极开展主题化、项目式学习等综合性教学活动，用不少于10%的课时设计跨学科主题学习。

为落实新课标理念、推动教学方式变革，立足校情、学情，珠海市香洲区第十二小学充分利用学校2000平方米的屋顶"开心农场"（含水培园、土培园、百花园、火龙果园、烘焙室、手工作坊等），为学生提供劳动场域；同时，借助项目式学习，促进劳动教育课程化发展，通过劳动学习与评价方式的创新，探索劳动教育的新样态。

所谓项目式学习，是指将学生合理分组，让学生系统地完成一个具有一定难度和规模的项目，并在完成过程中获得实践经验和提升综合素质的一种教学方式。作为实施劳动教育的重要途径之一，项目式学习能将理论知识与实践操作结合起来，培养学生实践能力和责任意识，进而提高学生的综合素质和劳动技能。

学校结合劳动课程内容以及各学段任务群要求，鼓励教师跨学科研究，以项目的实践性、可操作性和实用性等为出发点，着力构建适合学生和社会实际需求的劳动教育项目。同时，引导学生主动参与项目式学习，培养学生的自主学习能力和责任意识。我们充分发挥项目式学习的优势，发挥"开心农场"劳动教育基地功能，分层分类设计校本化项目式学习系列主题，把劳动与学习融合在有意义的项目情境中，链接生活，创新劳动学习方式，彰显劳动过程中的发展性，培养学生新时代劳动精神。在实践过程中，我们还注重让学生积累实践经验，强化学生实践能力。同时，建设适当的评价机制，让项目式学习与劳动教育相结合，确保教学的有效性。

作为实施劳动教育的创新路径，项目式学习可以使学生获得更多的实践经验和技能，有助于提高学生的劳动技能和综合素质，具有较强的可操作性和实用性，值得推广和应用。

第一章　劳动教育概述

第一节　劳动教育的背景 ………………………………………… 2

第二节　新时代劳动教育的目标和内容 ………………………… 4

第二章　劳动教育的校本化实践

第一节　指导思想 ………………………………………………… 8

第二节　培养目标 ………………………………………………… 9

第三节　基本原则 ………………………………………………… 11

第四节　课程安排 ………………………………………………… 14

第五节　实施要求 ………………………………………………… 18

第六节　组织保障 ………………………………………………… 23

第三章　劳动教育课程开发

第一节　劳动教育与学科融合 …………………………………… 26

第二节　项目式学习劳动课程资源开发 ………………………… 28

第四章 劳动教育的课程案例

第一节 观察类劳动课程案例 ………………………… 32
"开心菜园小小插画师"项目式学习课程 ………………… 32
"种植时令表"项目式学习课程 …………………………… 50
"我们的花样时光"项目式学习课程 ……………………… 64
"制作植物标本创意画"项目式学习课程 ………………… 74
"开心菜园昆虫科普读本制作"项目式学习课程 ………… 90

第二节 种植类劳动课程案例 ………………………… 98
"'蒜蒜'成长记"项目式学习课程 ………………………… 98
"养护水培植物"项目式学习课程 ………………………… 114
"害虫防治"项目式学习课程 ……………………………… 131

第三节 收获类劳动课程案例 ………………………… 147
"手打柠檬茶"项目式学习课程 …………………………… 147
"布里生花"扎染项目式学习课程 ………………………… 166
"采菊东篱"项目式学习课程 ……………………………… 188
"探索四川泡菜之美"项目式学习课程 …………………… 208
"校长参观团"校园参观方案项目式学习课程 …………… 219

第一章

劳动教育概述

第一节　劳动教育的背景

　　劳动是创造物质财富和精神财富的过程，是人类特有的基本社会实践活动。劳动教育是发挥劳动的育人功能，培养学生热爱劳动、热爱劳动人民意识的教育活动；劳动教育是推进学校教育高质量发展的重要举措，也是培养学生全面发展的重要途径；劳动教育是促进学生德智体美劳全面发展的主要内容之一。

　　党的十八大以来，我国进入新的发展阶段，消除绝对贫困，打赢脱贫攻坚战，全面建成小康社会，已经到了扎实推动共同富裕的历史阶段，需要继续依靠劳动、勤劳、奋斗来创新致富，创造共同富裕的美好未来。因此，在开启全面建设社会主义现代化国家、向着第二个百年奋斗目标进军的新征程中，推动劳动教育创新性发展势在必行。

　　当今社会步入后工业化时代，信息化、数字化时代到来，劳动教育的内涵和形式发生了全新变化，劳动教育作为构建培养学生德智体美劳全面发展的教育体系的关键环节和综合体现，肩负着推动新时代教育事业发展的重要使命。劳动教育作为应对产业结构和劳动形态深刻变化的有效手段和实践路径，成为新时代弘扬劳动精神、树立正确劳动观的必然要求。

　　新时代劳动教育的创新发展，体现在习近平新时代中国特色社会主义思想关于劳动教育的相关重要论述之中。习近平总书记多次强调劳动和劳动教育的重要性。2015年，习近平总书记在庆祝"五一"国际劳动节大会的讲话中强调："一切劳动，无论是体力劳动还是脑力劳动，都值得尊重和鼓励；一切创造，无论是个人创造还是集体创造，也都值得尊重和鼓励。"在2018年"五一"国际劳动节前夕，习近平总书记在给中国劳动关系学院劳模本科班学员的回信中指出："社会主义是干出来的，新时代也是干出来的。""全社会都应该尊敬劳动模范、弘扬劳模精神，让诚实劳动、勤勉工作蔚然成风。"广大劳动者无论从事什么职业，都要勤于学习、善于实践，踏实劳动、勤勉劳动，在工作上兢兢业业、精益求精，努力在平凡岗位上干出不平凡的业绩。要在全社会大力弘扬劳动精神，提倡通过诚实劳动来实现人生的梦想、改变自己的命运，反对一切不劳而获、投机取巧、贪图享乐的思想。2018年9月10日，习近平总书记在全国教育大会上强调，要"培养德智体美劳全面发展的社会主义建设者和接班人"，把"劳育"纳入人的全面发展教育。这意味着把劳动教育纳入德智体美劳全面培养人才的教育体系。2020年3月，《中共中央 国务院关于全面加强新时代大中小学劳动教育的意见》出台，这是中华人民共和国成立以来国家最高层面首次对大中小学劳动教育进行顶层设计和系统部署，充分体现了党和政府对大中小学劳动教育的高度重视，是构建德智体美劳全面发展教育体系的重大举措。

第二节　新时代劳动教育的目标和内容

　　新时代的育人目标对加强劳动教育提出了新要求。作为新时代的教育工作者，应当对劳动教育有新理解、新举措、新推进。劳动教育既要纳入人才培养全过程，又要贯通大中小学各学段，贯穿家庭、学校、社会各方面，既要与德育、智育、体育、美育相融合，又要跟上经济社会发展和学生生活实际。《中共中央　国务院关于全面加强新时代大中小学劳动教育的意见》指出，要把准劳动教育价值取向，引导学生树立正确的劳动观，崇尚劳动、尊重劳动，增强对劳动人民的感情，报效国家，奉献社会。树立正确择业观，具有到艰苦地区和行业工作的奋斗精神，懂得空谈误国、实干兴邦的深刻道理，做新时代的奋进者、开拓者和奉献者。

　　新时代劳动教育肩负着培养时代新人的重要历史使命。依靠劳动为人类谋福利是马克思主义劳动观的重要思想。习近平总书记强调，要"培养担当民族复兴大任的时代新人"。在实现中华民族伟大复兴的伟大新征程上，每个大中小学生都是书写者、创造者、实践者。要鼓励学生通过辛勤劳动、诚实劳动、创造性劳动以及职业体验和各种实习实训，在实践中学习，在担当中历练，在尽责中成长，强化使命担当，增强社会责任感和历史使命感。

　　新时代劳动教育内容必须突出价值教育的属性。具体体现在以下几个方面：

首先，劳动教育助力实现社会主义核心价值观在国家层面的道德理想。劳动教育鼓励勤劳致富，引导人们积极参与社会主义劳动实践；劳动教育关注劳动关系中的民主问题，能够增强大众的民主观念；劳动教育有利于发展社会主义先进劳动文化，提高全民族的劳动素质；劳动教育传递人与自然以及人与社会的生命共同体、命运共同体意识，塑造全社会的和谐共生理念。

其次，劳动教育指向社会主义核心价值观在社会层面的道德目标。劳动是通往自由与平等的实践道路，经过劳动教育的规范与引导，人们能够具备自由择业、自主就业的劳动素养，形成尊重劳动和劳动人民的道德情感；劳动也是实现公正与法治的重要途径，劳动教育帮助劳动者提升捍卫合法劳动权益、自觉履行劳动义务的法律意识，维护和促进社会公平正义。

最后，劳动教育涵养社会主义核心价值观在个人层面的道德规范。质朴的民族情愫和严谨的工作态度可以由劳动生成，劳动教育不仅涵养爱国之情与敬业精神，还能升华情感，引导人们将爱国之情转化为报国之行，将敬业精神转化为全身心地忘我投入，在生活中自觉践行爱国、敬业的价值准则。诚实劳动是社会诚信体系建设的基础，和谐友善的劳动关系是社会和谐的根基，劳动教育鼓励诚实劳动，主张建立和谐友善的劳动关系，由此推动全社会诚信理念和友善意识的培育、认同与践行。

第二章

劳动教育的校本化实践

第一节 指导思想

　　劳动教育是中小学教育不可缺少的重要组成部分，是全面贯彻落实教育方针，实施素质教育、提高学生总体素质的基本途径。《中共中央 国务院关于深化教育改革全面推进素质教育的决定》中指出："学校教育不仅要抓好智育，更要重视德育，还要加强体育、美育、劳动技术教育和社会实践，使诸方面教育相互渗透、协调发展，促进学生的全面发展和健康成长。"2019年，广东省教育厅印发《广东省加强学校体育美育劳动教育行动计划》的通知，强调开齐开足劳动教育课程，多渠道建立和拓展劳动教育实践场所，为劳动教育进入学校指明了方向。2022年，教育部印发《义务教育课程方案（2022年版）》和《义务教育劳动课程标准（2022年版）》，标志着劳动课以独立的姿态走进中小学课堂。为了贯彻国务院、教育部、省教育厅等有关文件精神，结合学校加强劳动教育的要求，我们依托近年来学校开发劳动校本课程的经验，力求将劳动教育课扎扎实实落到实处，努力促进学生德、智、体、美、劳全面发展。

第二节 培养目标

劳动是一门融劳动观念、劳动能力、劳动习惯和品质、劳动精神为一体的综合学科，劳动课程重在培养学生的劳动素养，这是劳动课育人价值的集中体现。劳动课程已成为学生必修的课程，是素质教育的有力抓手。

一、劳动知识目标

劳动知识是指生活劳动、简单的工农业生产劳动和自我服务性劳动的基础知识和基本方法，以及现代生产的基本原理和管理知识。劳动知识目标如下：

1. 了解常用的劳动工具，懂得选择合适的工具劳动。
2. 了解清洁卫生及整理收纳常识，了解基本的烹饪技法。
3. 了解植物栽培、动物饲养等简单知识。
4. 了解工艺品制作、编织技术、裁剪与缝制的知识。
5. 了解现代服务业以及最新科技信息。

二、劳动能力目标

劳动能力是指顺利完成与个体年龄及生理特点相适宜的劳动任务所需的胜任力，是个体的劳动知识、技能、行为方式等在劳动实践中的综合表现。劳动能力目标如下：

1. 学会自我服务性劳动，掌握清洁卫生、整理收纳方面的技能。

2. 掌握拌、炒、煎、炸、炖等烹饪方法，能独立制作一顿饭。

3. 初步掌握编织、缝制技术，能制作简单的制品。

4. 初步掌握植物栽培技术，掌握小动物的饲养方法。

5. 积极体验现代服务业劳动与新技术的运用，尝试有创新特色的小制作、小发明，参加公益劳动与志愿服务。

三、劳动品质与劳动精神目标

劳动教育不仅要传授劳动知识、劳动技能，还需要在劳动过程中渗透劳动观念、劳动态度及心理健康等方面的教育，使学生形成良好的劳动品质和行为习惯。劳动品质与劳动精神目标如下：

1. 树立正确的劳动观念。学生能尊重劳动，尊重普通劳动者，了解不同职业劳动者的辛苦与快乐。

2. 形成正确的劳动态度。学生能理解劳动对于个人生活、家庭幸福、社会进步、国家富强和人类发展的意义。

3. 养成良好的劳动习惯。通过劳动实践，对学生进行遵守劳动纪律、爱护劳动工具和珍惜劳动成果的教育，并进一步培养学生团结协作、助人为乐的精神品质。

4. 弘扬崇高的劳动精神。学生能够继承中华民族勤俭节约、敬业奉献的优良传统，弘扬开拓创新、砥砺奋进的时代精神，培育百折不挠、艰苦奋斗的革命精神，以及精益求精、追求卓越的工匠精神。

第三节　基本原则

一、价值引领原则

培养创新精神和实践能力是素质教育的重点。劳动课程的综合性、实践性和技术性特点，决定了它在培养创新型人才过程中的重要地位和独特作用，而创新素质只有在解决实际问题的过程中才能得到发展。劳动课程教学应培养学生勇于探索的创新精神，以及开拓进取、奋发向上的拼搏精神，加强对学生创新意识、创新思维、创新能力和创新人格的培养。

学校结合实际，为学生创设劳动实践的条件。同时，教师认真做好管理和教学工作，提高劳动教育教学效果，让学生在劳动中培养创新精神以及吃苦耐劳、认真负责的品质，体会"劳动是一切幸福的源泉""幸福是奋斗出来的"的内涵与意义。

二、课标为本原则

《义务教育劳动课程标准（2022年版）》（以下简称《劳动课程标准》）从宏观到微观层面，为中小学开展劳动教育指明方向，提出要求。《劳动课程标准》下发后，学校便组织劳动专职、兼职教师参加省、市、区各级部门组织的培训，并一周开展一次课标研究例会，力求吃透《劳动课程标准》要求。历经一个半月的研究、探讨、反思，学校紧紧依托《劳动课程标准》有关任务群的要求，制订并逐步完善了具有本校特色的劳动课程表，并撰写了每一节劳动课的课时计划。依据《劳动课程标准》劳动过程性评价的要求，学校建立了自评、互评、师评、家长评的系统性评价体系，并借助核心素养评价平台，将学生劳动课的表现反馈给家长，以实现家校劳动教育齐头并进。

三、因校制宜原则

为了提高学生的劳动技能和劳动意识，培养学生的劳动品质和劳动习惯，学校因地制宜，在学校楼顶打造了一个占地1000多平方米、资源丰富的劳动实践基地——开心菜园。开心菜园包括水培及土培园、百花园、百果园。水培园里种植有紫苏、黄瓜、芹菜等。土培园面积较大，每个班级分有一块责任田，由各班劳动老师带领学生耕种。百果园里有火龙果、鸡蛋果、百香果等果树，学生可采摘果实，体会丰收的喜悦。百花园里种植了石斛兰等十几种既具观赏性，又有食用或药用价值的兰花。另外，学校正在建设木工坊、布艺坊，为学生搭建更加个性化的、实践性强的劳动实践基地。

开心菜园——水培园

开心菜园——土培园

开心菜园——百果园

开心菜园——百花园

四、加强统筹原则

学校劳动教育在教育部门的规划统筹之下开展教育教学工作。学校整合家庭、学校、社会各方面的力量，尤其重视家庭劳动的重要性，开展家长课堂，强化家长对孩子劳动能力和劳动观念重要性的认识，形成协同育人的格局。同时，学校各部门统筹规划，共同推进劳动课的实施。

第四节　课程安排

一、时间安排

1. 必修课程安排。劳动必修课严格按照课标要求，开齐开足劳动课，确保每班一周至少一节劳动课，每个月至少四节劳动课，如果某些特别的劳动项目需要连续上课，就一周集中安排2~3节劳动课。

2. 劳动周安排。各个年级确定每个劳动周主题，劳动周主题与本月劳动课内容相关，如本月劳动课内容是清洗鞋子，那么劳动周的主题也与清洗鞋子有关。利用每周五午读时间进行劳动周总结，表扬优秀的同学，并适当给予奖励。

3. 劳动主题活动安排。学校依据二十四节气相关习俗，制订了各个年级的劳动周主题活动。开展二十四节气劳动主题活动，不仅能够提高学生的劳动技能，还能够加深学生对中华民族传统习俗和文化的认识，增强学生的民族认同感和文化自信。一年级开展秋分·剪纸——送秋牛活动；二年级开展谷雨·采茶泡茶活动；三年级开展立冬·煮饺子活动；四年级开展雨水·播种向日葵活动；五年级开展立夏·煮粥喝粥活动；六年级开展小雪·晒鱼干活动。这些劳动周主题活动中，有些项目要求学生提交劳动视频，择优在学校中庭大屏幕播放；有些项目鼓励学生将成品带到学校展示和分享；有些项目鼓励学生借助一年一度的跳蚤市场，售卖劳动成果筹集善款，捐给对口支援的云南怒江乡村小学的孩子们。

二、项目安排

（一）劳动项目总体安排

依据劳动课程内容结构示意图，以及各学段任务群要求，学校制订出各年级劳动课程表。

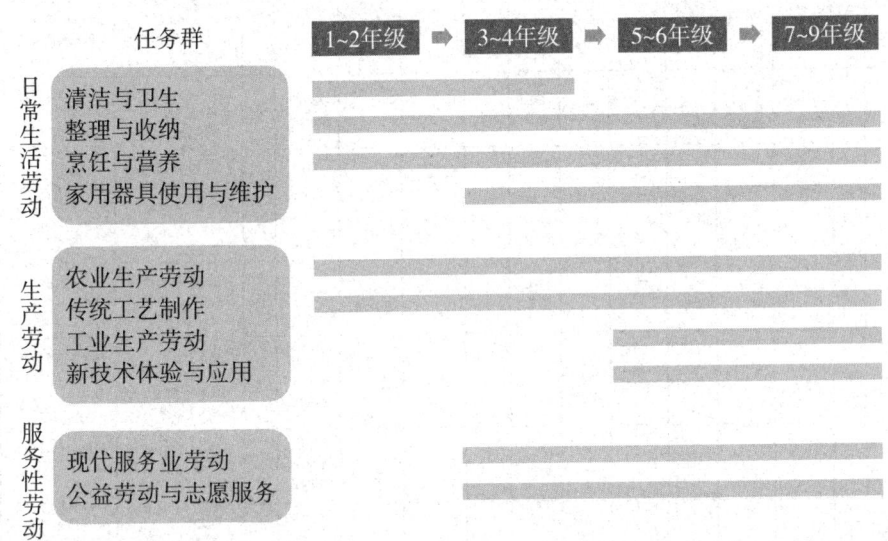

劳动课程内容结构示意图

学校依据《劳动课程标准》对各学段任务群的分布规定，对各年级劳动项目进行合理安排，同时规划了劳动周及劳动主题活动的内容。

除了校内劳动，学校还对家务劳动做了安排。每周均安排相应的家务劳动，家务劳动与本周劳动课内容相关，由劳动老师布置，家长根据孩子完成情况填写家庭劳动评价表。一个月之后由劳动老师收集表格，评选出"家务劳动之星"。

（二）劳动项目年级安排

学校严格按照《劳动课程标准》任务群要求，逐层制订了每学年、每学期、每月的学习项目，并统筹每月的校园劳动、家庭劳动及社会劳动内容，细化每课时的任务目标。

香洲区第十二小学劳动项目年级安排学校总表

年级	学期	清洁与卫生	整理与收纳	烹饪与营养	家用器具使用与维护	农业生产劳动	传统工艺制作	工业生产劳动	新技术体验与应用	现代服务业劳动	公益劳动与志愿服务	合计	劳动周	劳动主题活动
一年级	上学期	使用保洁工具	整理文具和课桌	挑选蔬果			剪纸艺术					4	1.校园劳动大讲堂：挑选蔬果。2.年级劳动比赛：我是值日小能手。3.主题劳动展示（公众号推送、小舞台大屏幕滚动）	秋分·剪纸——送秋牛 具体要求：1.收集或创作简易农夫耕田、秋牛图剪纸图案。2.依据图案剪纸
	下学期	我是值日生	保洁工具的整理与收纳	蔬果粗加工		走进开心三园						4		
二年级	上学期	清洗小物品	餐具的清洗与整理	削皮与切块			走近布艺					4	1.校园劳动大讲堂：布艺。2.年级劳动比赛：书包收纳。3.主题劳动展示（公众号推送、小舞台大屏幕滚动）	谷雨·采茶泡茶 具体要求：1.有条件的同学跟父母去茶园采茶、烘茶。2.了解和认识不同品种的茶叶
	下学期	清洁洗手台	书包收纳	果汁与茶饮		悠兰小径之兰花的奥妙						4		
三年级	上学期	清洁教室	妙叠衣物	蒸煮烹饪			泥塑艺术		我会收取快递			5	1.校园劳动大讲堂：蔬菜种植方法。2.年级劳动比赛：妙叠校服。3.主题劳动展示（公众号推送、小舞台大屏幕滚动）	立冬·煮饺子 具体要求：1.烧开一锅水。2.取新鲜饺子或者速冻饺子。3.加盐，沸水下锅
	下学期	清洁卫生间	整理床铺		常用工具的认识与使用	土培技术探究				学校失物招领志愿者		5		
四年级	上学期	清洗鞋子	图书角收纳	凉菜制作			布艺编织			校园垃圾分类引导员		5	1.校园劳动大讲堂：液培知识讲座。2.年级劳动比赛：凉菜制作。3.主题劳动展示（公众号推送、小舞台大屏幕滚动）	雨水·播种向日葵 具体要求：1.将学校分发的向日葵种子带回家种植。2.用各种形式记录向日葵生长过程
	下学期	清洗大件衣服	房间收纳		厨房小家电的使用与维护	液培技术探究				开心菜园清洁师		5		
五年级	上学期		床品收纳		洗衣机的使用与维护		生活与布艺			快餐店小导购	低年级早餐分餐员	5	1.校园劳动大讲堂：了解3D打印技术。2.年级劳动比赛：我的泥塑作品。3.主题劳动展示（公众号推送、小舞台大屏幕滚动）	夏至·煮粥喝粥 具体要求：1.了解各种粥的营养价值与适用人群。2.为家人煮一锅适合他们的粥并记录
	下学期		衣柜收纳	煮炖烹饪		小鸡成长记		走进船舶	体验3D打印			5		
六年级	上学期		美化阳台		电风扇的使用与维护		扎染服饰	探访医药企业			校园公共区域大清洁	5	1.校园劳动大讲堂：激光雕刻的发展与应用。2.年级劳动比赛：我会炒菜。3.主题劳动展示（公众号推送、小舞台大屏幕滚动）	小雪·晒鱼干 具体要求：1.菜市场买鱼（选择合适的鱼，如金鲳鱼）。2.请家人帮忙制作
	下学期		美化房间	晚餐制作		百果园探秘			激光雕刻	梅溪牌坊景点解说		5		
合计		8	12	8	4	6	6	2	2	3	5			

以四年级上学期九月份劳动课程为例，四个课时的教学内容、教学目标、实施建议、评价建议均有细致的安排。

- 16 -

四年级上学期劳动课程表

年级	学期	月份	课程	课时	教学内容	教学目标	实施建议	评价建议
四年级	上	九月	清洗鞋子	第一课时安排策划课	1.本月劳动任务：校园劳动：了解清洗小白鞋的基本方法和流程，认识清洗工具和材料，学习清洗不同鞋子的方法，利用家里已有的清洁工具和材料，实践独立清洗自己的小白鞋和家人的其他鞋子。2.实施计划：第一周至第四周。3.实施要求	1.创设情境激发学生的学习兴趣，从而引导学生王国内的活动中，认识鞋子王国和材料，学习清洗工具和材料，知道清洗鞋子的步骤，并学习清洗鞋子小妙招。3.培养学生生活自理能力和动手能力，养成良好的个人卫生习惯，形成热爱劳动的态度。4.引导学生策划本月劳动方案，做好劳动准备	1.通过创设小白鞋无法参加"鞋子王国的狂欢派对"这一情境，激发学生明确本月劳动任务的学习兴趣。2.通过了解图片以及视频，学生了解本月所要开展劳动内容的意义。3.指导学生设计本月劳动方案。4.根据劳动方案，做好劳动场所、劳动设备、材料准备	学生按"项目任务评价表"自评。本课时评价要点：明确本月劳动任务，积极、热情参加劳动任务，养成良好的个人卫生习惯，热爱劳动的态度。2.策划本月劳动任务单
				第二课时学习实践课	1.了解认识清洁工具和材料。2.初步掌握清洗鞋子的步骤	1.了解鞋子的一些常见种类。2.区分不同材质使用有不同的清洁方法。3.明确清洗不同材质的鞋子前需要准备的清洗工具和材料。4.了解清洗鞋子的几个组成部分，梳理清洗鞋子的正确顺序	1.观看鞋子的视频、图片以及实物展示，了解不同材质的鞋子展示。2.通过讨论分享选择合适的工具清洗自己的鞋子。3.家庭任务——选择家里现有的一种材质的鞋子，对应完成它的清洗，以照片和视频的方式记录并上传	学生按"项目任务评价表"自评。本课时评价要点：1.学生是否了解清洗鞋子不同材质的常见类型和区分不同材质的鞋子的清洁方法。2.熟练掌握清洗鞋子清洁工具
				第三课时学习实践课	举行"小白鞋"现场清洗小组比拼赛"，展示交流	1.学会利用正确的清洗工具和材料对应在鞋子的小白鞋进行清洗，掌握清洗鞋子的技能。2.在鞋子清洗活动中，养成良好的个人卫生习惯，热爱劳动的素养	1.师生交流清洗鞋子的技巧和注意事项。2.小组合作完成小白鞋的清洗。3.小组交流清洗小白鞋的步骤和收获，并家长评价，评选出"清洁小达人"	学生按"项目任务评价表"自评。本课时评价要点：学生是否能够独立按照步骤，清理、爱护、清洗、刷洗、清水、晾干的步骤完成清洗自己小白鞋的全过程
				第四课时总结评价课	"清洗小白鞋"展示交流活动	1.通过交流清洗鞋子的经验和成果，提升学生个人物品的活动成就感，激发学生清洁个人物品的劳动热情。2.通过小组合作报PPT的交流分享，引导学生树立正确的个人卫生习惯，养成良好的热爱劳动的态度	1.以视频、照片等形式展示学生清洗鞋子的情况，请学生交流清洗经验和劳动感悟。2.通过自评、家长评价以及教师评价，评选出"清洁小达人"	按"校内劳动评价表"一项一评，一月一结。本课时评价要点：学生是否参与清洗工具和材料的准备、不同材质鞋子的清洗和"清洗小白鞋"的展示交流活动

— 17 —

第五节　实施要求

一、加强劳动课程管理

首先，打造学习型劳动科组。通过积极参加省区市培训、校本研修、听课评课、观看议课等活动，建立一支能胜任劳动教育教学的教师队伍，并保持这支队伍的稳定和发展，这是劳技教育顺利开展的关键。同时，学校聘任校外专业人员定期对劳动教师进行培训，并担任兼职教师，组织各班级的种植活动、讲授养殖知识等。

其次，加强集体教研。为提高教学质量，学校将6个年级分为6个研究小组，每个研究小组每学期确定一个劳动教育研修主题，小组成员划分研究任务，各自开展工作，并及时交流情况，解决实施过程中的问题。学校规定劳动科组每月初进行集体备课、集体教研，并做好记录，随时备检。

二、深化劳动课型研究

安排策划课、学习实践课、总结评价课、专题教育课，这四种课型一脉相承、相辅相成，共同构成劳动教育课这个有机整体。为了深化四种课型研究，学校积极组织劳动教师参加相关培训，分享学习收获。为提高教研水平，学校要求每学期各年级至少准备一节劳动教育校级公开课，通过听课、磨课、评课促进劳动教师对四种课型的认识。

劳动行动课——采摘野菊花

劳动筹划课——扦插太阳花

三、构建课程评价体系

劳动课程评价应该多元化、多维化、多样化，坚持导向性、发展性、系统性原则。学校制订了自评、互评、师评、家长评的完整评价体系。

贴劳动星处

香洲第十二小学劳动月评表

学期：　　　班级：　　　月份：　　　姓名：

月评项目	自评	小组评
乐于清洁教室，维护教室卫生	☺☺☺☺☺	☺☺☺☺☺
认真学习清洁教室的方法和步骤	☺☺☺☺☺	☺☺☺☺☺
能将桌椅摆放整齐	☺☺☺☺☺	☺☺☺☺☺
能完成教室门窗、墙壁除尘工作	☺☺☺☺☺	☺☺☺☺☺
掌握教室消毒工具的使用方法	☺☺☺☺☺	☺☺☺☺☺
正确使用消毒纸巾擦拭桌面	☺☺☺☺☺	☺☺☺☺☺
积极参加班级大扫除，主动承担脏活累活	☺☺☺☺☺	☺☺☺☺☺
清洁教室时能保护自己不受伤	☺☺☺☺☺	☺☺☺☺☺
我的心得		
我需要改进的地方		

四年级劳动项目任务评价表

项目主题	液培技术探究	班级		姓名	
评价项目	评价内容			教师评价等级	备注
劳动观念	明确本月劳动任务，积极、热情参加劳动				
	养成良好的个人卫生习惯、热爱劳动的态度				
	树立正确的劳动意识，形成良好的劳动素养				
劳动能力	具备基本的劳动知识和技能				
	能正确区分液培不同植物的不同液培技术				
	具备完成劳动任务所需要的操作能力及团队合作能力				
劳动习惯和品质	具有安全劳动、规范劳动的意识，养成有始有终等习惯				
	形成自觉自愿、认真负责、吃苦耐劳、团结合作、珍惜劳动成果等品质				
劳动精神	能继承中华民族勤俭节约的优良传统，感知甘于奉献的劳模精神和艰苦奋斗的革命精神，以及精益求精的工匠精神				
评选"液培技术小达人"					

三年级家庭劳动评价表

主题	劳动项目	评价结果	
		自评	家长评
清洁与卫生	会打扫自己的房间，学会整理书籍、衣物，主动分类摆放	☆☆☆	☆☆☆
	学会自己换洗床单和被套，会清洗袜子、鞋子等	☆☆☆	☆☆☆
	学会自己洗碗	☆☆☆	☆☆☆

续 表

主题	劳动项目	评价结果	
		自评	家长评
整理与收纳	学会叠衣物	☆☆☆	☆☆☆
	能摸索多种折叠衣物的方法，并能选择合适的叠法折叠衣物	☆☆☆	☆☆☆
	坚持每天主动折叠自己及家人的衣物	☆☆☆	☆☆☆
蒸煮烹饪	会制作凉拌黄瓜等简单的凉拌菜	☆☆☆	☆☆☆
	能将水果削皮去核，做简单的水果拼盘	☆☆☆	☆☆☆
	能发挥创造力，制作创意水果拼盘	☆☆☆	☆☆☆
传统工艺制作	能依据照片用陶土捏制造型美观的公仔	☆☆☆	☆☆☆
	能发挥想象，捏制造型奇特的陶土作品	☆☆☆	☆☆☆
现代服务业劳动	学会去快递站收取快递，知道如何在蜂巢柜取快递	☆☆☆	☆☆☆
	能独立帮助父母去快递站拿快递，或在父母帮助下去蜂巢柜取快递	☆☆☆	☆☆☆
劳动收获：			
家庭综合评价：☆☆☆☆☆			

注：请对照清单中的每一个项目，根据完成情况打★。偶尔参与打★，经常参与打★★，每天参与打★★★；基本掌握打★，比较熟练打★★，非常熟练打★★★。

学生自评及劳动小组成员之间互评的内容包括参加劳动次数、劳动态度、实际操作、劳动成果等方面，引导学生进行自我教育，发挥学生主体作用。每周互评，升旗仪式总结表彰，达到及时反思、不断强化的目的，促进学生良好劳动习惯的形成；教师评价则以核心素养为导向，从劳动观念、劳动能力、劳动习惯和品质、劳动精神等方面评价学生在劳动过程中的表现；家长评价是学校评价的重要补充。学校会定期评选"家务劳动小能手"，班级先根据学生表现和家长评语进行评选，确定候选人，然后进行学校评选，颁发奖状，树立榜样。同时，学校引入核心素养评价平台，劳动教师对学生的课堂表现进行评价，平台及时将评价结果反馈到家长手机上，实现家校共育的目标。

第六节　组织保障

一、加强课程组织领导

学校成立了以校长为组长的领导小组。其中，校长是操舵手，保证劳动课的安排在大方向上符合学校的育人主旨。分管副校长负责劳动教育课的整体规划以及组织实施。教务处主任负责劳动教师的培训、劳动教师的人员安排。劳动科组长组织劳动教师研究课标，开发劳动课表，并研究家庭劳动的落实。德育处与教导处负责筹备劳动周相关活动。办公室做好后勤工作，制订劳动教育经费表，从物资上保证劳动课顺利开展。各年级劳动教育备课组组长落实科组集体教研，积极研究课标。劳动科组的大小会议均在教导处举行，日常事务由教导处主任、劳动科组长、备课组组长负责。德育处和教导处负责制订劳动周和劳动主题活动方案。学生展示则由班主任和劳动教师负责，如遇学校大型活动，如五一劳动竞赛、跳蚤市场等，则由相关部门及老师配合，将学生展示与学校活动融为一体。

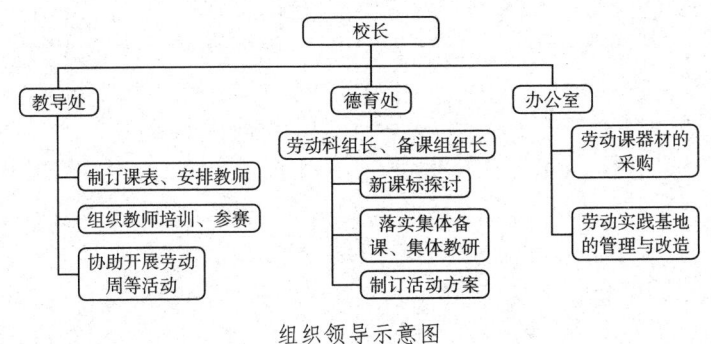

组织领导示意图

二、注重宣传效应

在学校中庭墙面布置劳动教育相关展示板,展现学校劳动教育的成效,小舞台屏幕滚动播放学生进行劳动实践的视频和照片。当开展交流活动时,劳动科组长带领评估专家参观学校劳动实践基地,介绍学校开展劳动教育的成果,全面展示学校劳动教育的推进状况。

中庭小舞台播放优秀劳动视频　　　　劳动优秀作业展示区

除此之外,学校还借助公众平台积极推送宣传劳动学科相关动态,让家长及社会各界了解学校劳动学科所取得的新突破。

第三章

劳动教育课程开发

第一节　劳动教育与学科融合

新时代，加强劳动教育是"构建德智体美劳全面培养的教育体系，形成更高水平的人才培养体系的必然要求"。学校十分重视劳动课程与其他文化课程的融合，如劳动与科学、语文、美术、心理健康等学科的融合，并已经取得一定的成效。

一、劳动与科学融合

劳动与科学具有天然的融合属性，科学老师在备课时要充分考虑两个学科的融合。学校教导处在安排劳动和科学课程时，专门安排了双师课，即科学课和劳动课由科学老师与劳动老师共同上课，每节课一人主讲，一人旁听并管理纪律、分发工具与器材等。例如，用PBL项目式学习平台上的科学课"走进船舶"将科学课与劳动课完美融合。科学组带领学生打造的"植此青绿——AI助力番茄扦插"项目获得广东省中小学科技劳动教育实践活动三等奖。

二、劳动与语文融合

劳动与语文学科的融合主要体现在阅读与写作课上。例如，在上阅读精读课《纸的发明》时，语文老师与科学老师带领学生在实验室动手制作纸张，感受造纸的乐趣；在上完《小豆芽成长记》后，语文老师会组织学生写观察日记、感想等。

三、劳动与美术融合

劳动与美术学科的融合能够培养学生的审美观念和意识。学校非常重视美育，先后开展了"布里生花——扎染之美项目式学习""扦插太阳花"等美育课程，取得了很好的教育效果。

四、劳动与心理健康融合

我校是一所融合教育学校，学校共接收了10名特殊学生，并且配备有特教教师。特教教师经常带领特殊学生开展有趣的劳动，最受学生喜欢的是烘焙课。学生在烘焙的过程中，既锻炼了动手动脑能力，还体会到与同伴合作的快乐，劳动之后还可以享受美食，真可谓一举两得。

第二节　项目式学习劳动课程资源开发

一、项目式学习综述

项目式学习是一种建构性的教与学方式，教师将学生的学习任务项目化，指导学生基于真实情境而提出问题，并利用相关知识与信息资料开展研究、设计和实践操作，最终解决问题并展示和分析项目成果。

项目式教学源于教育学家杜威提出的"做中学"教育理念，杜威的学生屈伯克发表《项目（设计）教学法：在教学过程中有目的的活动的应用》一文，提出了项目式学习的概念。二十世纪二三十年代，项目式教学法在美国的初等学校和中学的低年级里得到了广泛的应用，基于项目的学习是其开展研究性学习的主要学习模式之一。目前，项目式学习法在欧美被中小学普遍采用。近年来，项目式学习也延伸到我国中小学教学中。

二、项目式课程设计理念

"仁爱"思想是中华民族的精神内涵，是中华民族人格的象征和体现。在如今的时代背景下，传承中华民族的"仁爱"精神，强化中华民族的精神内核显得尤为重要。学校注重塑造学生的君子品格及"文质彬彬，然后君子"的儒雅气质。"梅""兰""竹""菊"被称为花中四君子，是君子的象征，因此学校以这四种植物为核心开发劳动课程，让学生在劳动中潜移默化地接受优秀中华传统文化的熏陶。

为了塑造君子之风，为学生的劳动搭建实践场地，学校因地制宜，开辟出具有古典韵味的"梅苑""兰圃""竹轩""菊园"等劳动场地，将它打造成高年级劳动课的创造园、中年级劳动课的实践园、低年级劳动课的观察乐园。

在课程设计上，六个年级分为低、中、高三段。低段侧重于"观察"，以自然观察为抓手，如观察花的生长状况、种植时令等；中段重操作，如种植、害虫防治等；高段侧重于加工开发，以创意实践产品为突破口，如柠檬茶、扎染的研究等。

每一个项目完成之后，我们对项目成果进行评价。评价主体的多元化能够使评价成果更加真实可信，因此我们积极组织学生自评、学生互评等评价活动。同时，让学生参与到评价过程中，进行科学的自我反思与自我总结，能够增强学生的劳动意识以及激发学生的劳动兴趣。项目的完成还离不开家长的支持，也依赖于家长提供的资源，我们借助七彩评价系统，将学生的项目完成情况反馈给家长，通过家长的激励，鼓舞学生投入项目实践中。

项目式学习与实践帮助学生锻炼整体性、统筹性、前瞻性思维和初步的综合探究问题的能力，培养他们围绕一个问题进行一段时间研究的耐心和毅力，以及在研究过程中遇到困难时的及时反思、修正的能力。

第四章

劳动教育的课程案例

第一节　观察类劳动课程案例

"开心菜园小小插画师"项目式学习课程

珠海市香洲区第十二小学　杨云和

一、课程目标

（一）课程内容概要

"小小插画师"是基于学校"开心菜园劳动专题"校本课程设计的项目式学习。通过项目式学习，学生能够亲身参与劳动学习，感受到"动手动脑"带来的乐趣。

劳动作为一门动手实践的学科，要求学生亲自参与劳作，熟悉并掌握相关的劳动技能。中国古代农业科学著作《齐民要术》提到了通过观察和实践来区分不同的农作物的方法。书中描述了各种作物的生长习性、形态特征、繁殖方法、病虫害防治等方面的知识，这些都是基于古代农民长期的实践经验和观察总结而来的。因此，根据低年级学生的学情特点，我们可以通过"小小插画师"项目式学习的途径，让学生在真实情境中发现问题，并在老师指导下解决问题，培养其实地观察和记录的技能，以便于后期开展研究，也为今后参与农业劳动奠定基础。

(二）课程教学目标

1. 劳动观念：了解农业生产过程，理解农业劳动对个人生活、社会进步和人类发展的意义，懂得劳动创造美好生活的道理。

2. 劳动能力：细心观察植物的生长发育情况，知道常见植物的养护方法，能够采用文字、图画等形式进行劳动记录。

3. 劳动习惯和品质：在劳动过程中能够规范使用正确的工具进行观察、实践，养成有始有终等习惯，形成自觉自愿、认真负责、诚实守信、团队合作和珍惜劳动成果等品质。喜欢劳动，具有主动劳动、积极参加劳动的愿望。

4. 劳动精神：学习制作插画册，初步理解精益求精的工匠精神；在制作和欣赏插画的过程中，初步感知劳动的艰辛与乐趣，能够如实记录，学会尊重他人的劳动付出。

二、课程内容

本课程以"假如你是一名插画师，你会如何协助学校开发一本开心菜园插画册？"为驱动问题，让学生在项目式学习中了解植物插画的内容、绘画过程以及制作过程。

第一，了解什么是植物插画，探索植物插画应该包含什么内容；第二，观察植物的组成部分和细节，学会辨别植物的种类，用绘画、照片以及植物标本等形式进行记录；第三，根据植物的特征绘制植物插画，并尝试用文字进行描述和色彩搭配；第四，讨论插画册应该怎样制作能清晰明了，制订分类标准和植物分布图等内容；第五，欣赏和研讨后，给每一幅插画作品进行装饰；第六，筹备植物插画册的发布会，体验创作的成就。

综上所述，本课程教学内容具体如下。

教学内容	建议课时数
了解植物插画	1
选择一种植物，观察其茎、叶、花、果实等特征，并记录	1
根据植物的特征，制作植物插画	1
对插画进行分类组合	1
对插画手册进行装饰	1
了解插画手册的用途	2

三、课程实施

（一）项目设计概要

基于以上分析，创设"小小插画师为开心菜园做贡献"的真实情境，设计多样化的活动，引导低年级的学生进行项目式学习。学生可以通过开发一本开心菜园插画册的任务，参与到植物观察、插画制作和手册装饰等环节中。这个情境能够激发学生的兴趣和参与度，使学生更加积极地投入劳动实践中。该活动可以培养学生的观察力、动手实践能力、创新能力和团队协作能力。

项目名称	小小插画师	课时	7
学科	科学、劳动、美术、语文	年级	二年级
项目简述	本项目主要以开心菜园插画手册的制作为逻辑主线，引导学生从认识植物的组成部分开始，到实地观察和记录植物的特征，再到根据植物特征制作插画，最后对插画手册进行装饰和分类整理。这个过程不仅符合学生的认知规律，还能培养其劳动技能和创新能力		
驱动问题	假如你是一名插画师，你会如何协助学校开发一本开心菜园插画册？		
子问题设计	1.什么叫植物插画？ 2.选择一种植物，观察其茎、叶、花、果实等特征。如何记录这些特征？ 3.如何制作植物插画？ 4.如何分类组合我们的插画？		

续表

子问题设计	5.如何装饰我们的插画手册？ 6.我们的插画手册有什么用途？
项目成果	1.植物观察日记。 2.植物标本。 3.植物插画。 4.植物插画的分类标准。 5.植物插画手册

（二）项目设计实践

基于驱动问题"假如你是一名插画师，你会如何协助学校开发一本开心菜园插画册？"进行单元设计，通过学习任务、学习目标、学习活动和学习资源/支架的搭建，回应基于学情分析时所提出的系列问题。

课时数	学习任务	学习目标	学习活动	学习资源/支架
1	什么叫植物插画？	认识植物观察笔记和插画及其相关特征	发布"小小插画师"的驱动任务；了解植物插画的相关信息；讨论怎么设计一种植物的插画	植物插画册，植物观察笔记
1	选择一种植物的茎、叶、花、果实等器官进行观察，如何记录观察结果？	学习观察和记录植物特征的方法；制作植物标本；学写植物观察日记	实地观察植物的特征；用笔记的形式记录；制作简单的植物标本（用透明胶粘在卡纸上并夹在书本中）	菜园里的植物，透明胶，剪刀，厚书本
1	如何制作植物插画？	用文字和色彩在A4纸上绘制植物插画	植物插画师比赛；研讨插画的优缺点	植物插画
1	如何分类组合我们的插画？	按照分布位置、名称、高度等标准给植物插画分类	研讨"怎么在一堆植物插画里找到想要的图画"；制订植物插画的分类标准	植物插画分类标准
1	如何装饰我们的插画手册？	掌握装饰插画手册的制作工艺	与市场上售卖的插画做对比；选择最优的装饰方案	插画的装饰方案

续表

课时数	学习任务	学习目标	学习活动	学习资源/支架
2	我们的插画手册有什么用途？	学会推广与应用我们制作的插画手册	讨论插画手册的用途；制订推广插画手册的方案	插画册，插画册的推广方案

四、评价维度及成果形式

（一）项目评价

《劳动课程标准》提到，劳动课程强调学生直接体验和亲身参与，注重动手实践、手脑并用、知行合一、学创融通，倡导"做中学""学中做"，激发学生参与劳动的主动性、积极性和创造性。注重评价内容多维、评价方法多样、评价主体多元。既要关注劳动知识技能，更要关注劳动观念、劳动习惯和品质、劳动精神；既要关注劳动成果，更要关注劳动过程表现。重视平时表现评价与学段综合评价结合，定性评价与定量评价结合。以教师评价为主，鼓励学生、其他学科教师、家长等参与到评价中。

综上所述，本课程中以学生的表现性评价为主，注重学生过程性评价。评价从劳动观念、劳动能力、劳动习惯和品质、劳动精神以及劳动成果五个维度进行；评价形式为学生自评、小组自评、其他小组评价以及教师评价。具体如下表所示。

维度	指标	学生自评	小组自评	其他小组评价	教师评价
劳动观念	1.能够了解观察植物和制作插画等劳动实践过程。 2.了解农业生产和制作插画册的劳动过程。 3.理解农业劳动对个人生活、社会进步和人类发展的意义，懂得劳动创造美好生活的道理				

续 表

维度	指标	学生自评	小组自评	其他小组评价	教师评价
劳动能力	1.关心、保护身边常见植物，观察植物的生长发育情况。 2.知道常见植物的养护方法。 3.能够采用文字、图画等形式进行劳动记录				
劳动习惯和品质	1.能够规范使用正确的工具进行观察、实践。 2.保持有始有终等习惯，养成自觉自愿、认真负责、诚实守信、乐于合作和珍惜劳动成果等品质。 3.喜欢劳动，具有主动劳动、积极参加劳动的愿望				
劳动精神	1.在制作和欣赏插画的过程中，初步感知劳动的艰辛与乐趣。 2.能够如实记录。 3.学会尊重他人的劳动付出。 4.通过学习和制作插画手册，初步理解精益求精的工匠精神				
劳动成果	1.植物观察日记。 2.植物标本。 3.植物插画。 4.植物插画的分类标准。 5.植物插画手册				

根据总表的评价维度，将评价内容划分到每节课当中，更加符合低年级学情。

（二）项目式学习的成果展示

成果类型	成果清单	评价方式
个人成果	1.植物观察日记。 2.植物标本。 3.植物插画	个人自评、组员互评、教师评价

续 表

成果类型	成果清单	评价方式
团队成果	1.植物插画的分类标准。 2.植物插画手册。 3.插画手册的推广方案	小组自评、互评，教师评价

五、小小插画师"用笔走进植物的世界"项目式学习手册

一则招标宣传：开心菜园插画册，用笔探索植物王国！

小朋友们，想不想去一个充满奇幻和乐趣的植物世界探险呢？现在，我们邀请你们一起拿起画笔，和插画师共同开启这次奇妙的旅程！

在这本插画册里，你们会见到五颜六色的花朵、形态各异的蔬菜，还有那些藏在叶子后面的小秘密，每一页都充满了惊喜和想象，就像是一个真实的植物王国等待着你们去探索。

作为插画师，我们会为你们画出这些植物的生动模样，让你们仿佛置身于一个五彩斑斓的梦境之中。而你们只需要用自己喜欢的颜色，为这些植物涂上色彩，让它们变得更加鲜活和有趣。

所以，小朋友们，快来加入我们吧！让我们一起用画笔走进这个神奇的植物世界，创造出属于我们自己的开心菜园故事！让每一笔都成为一次奇妙的探险，让每一页都充满无尽的乐趣和惊喜！

任务1：什么叫植物插画？

（一）植物插画

植物插画就是画那些我们生活中常见的花花草草，但又不是完全照着它们的样子画。插画师们会发挥想象力，给这些植物添加许多好看的颜色，让它们看起来像是在玩耍，或是做着各种有趣的事情。

比如，一朵小花可能像在跳芭蕾舞，它的小叶子就像是舞裙一样飘飘然；一棵大树可能像老爷爷，它的树枝就像是老爷爷的长胡子，看上去特别有趣。

看植物插画，就像是进入了一个充满魔法的植物世界，每一张画都像是一个小故事，让人看了还想看。而且，看了这些插画，你可能也会想拿起画笔，画出自己心中的植物世界呢！

（二）体验绘制插画

1. 我们来观察和初步画三角梅。

2. 在方框里绘制你所观察到的三角梅吧！

（三）画师的思考

1. 我们画得好不好呢？

在小组中讨论，根据表格提示对自己的作品进行评价，请在合适的选项中打"√"。

序号	评价内容	是	否
1	笔画清晰吗？		
2	颜色区别明显吗？		
3	画面干净、简洁、美观吗？		
4	有文字说明吗？		
5	看得出是三角梅吗？		

2. 怎么改进？

如果给其他人欣赏，我们应该怎么改进我们的插画？请在方框里记录。

任务2：观察植物

绘制植物插画时，了解植物特征是最重要的一步。我们可以根据植物的明显特征进行绘制，这样会事半功倍哦！我们一起去开心菜园观察吧！

（一）一起来观察

1. 在开心菜园里寻找你最喜欢的植物，并在老师的指导下摘取该植物的一小部分。

2. 将摘取的植物放进课本中压制5分钟。

3. 观察这部分植物有什么明显特征，以文字和图画的形式记录在方框中。

植物名称： 明显特征：	根据植物的明显特征画一画。

（二）动手做植物标本

1. 将压制好的植物平铺在下面的方框中，用透明胶小心粘牢，并用白纸覆盖好。

2. 做好标本后，继续用课本压住，2天之后会有惊喜哦！

粘贴植物标本

（三）画师的思考

1. 在班级中互相展示与交流。

2. 在小组中讨论，根据表格提示对自己的作品进行评价，请在合适的选项中打"√"。

序号	评价内容	是	否
1	有文字记录吗？		
2	有图画记录吗？		
3	文字表达清晰吗？		
4	图画能对应上文字描述的明显特征吗？		
5	植物标本粘贴了吗？		
6	植物标本粘贴牢固了吗？		

任务3：绘制植物插画

为了让大家深入研究我们身边常见的植物，展示同学们的美术天赋和科学素养，学校举办了植物插画比赛，优秀的作品将被载入"开心菜园植物插画册"。同学们，发挥你们的聪明才智吧！

比赛要求：
1.植物自选；
2.画稿纸统一使用参赛纸张；
3.绘画风格自定；
4.包含图画和适当的文字说明；
5.作品美观、整洁，主题鲜明，布局合理；
6.每个人完成一张插画。

（一）项目要素

想一想你要完成一幅插画，需要考虑哪些因素？

1.

2.

3.

（二）项目设计

插画设计图

班级		设计者签名		学号	
插画名称：					
绘画： 1.包括绘画和文字说明； 2.色彩鲜明，细节丰富					
我要为它代言！					

（三）画师的思考

1. 在小组中互相展示与交流。

2. 在小组中讨论，根据表格提示对自己的作品进行评价，请在评分表里面打分。

评分标准：

满意：3分；基本满意：2分；还要努力：1分。

序号	评价内容	自评	同伴评价					教师评价
			1	2	3	4	5	
1	有文字记录吗？							
2	有图画记录吗？							
3	文字表达清晰吗？							
4	图画能对应上文字描述的明显特征吗？							
5	作品美观、整洁，主题鲜明，布局合理							
6	有创意							

（四）项目拓展

如果我们对绘制的插画不太满意，还可以尝试新的方法，大家可以回家尝试一下！

> 植物拓印是一种通过将植物的形态和纹理印刷到纸上，以展示植物的美丽和多样性的艺术技术。在这个过程中，我们可以选择各种具有独特形态和纹理的植物，如花朵、叶子、树皮等，然后将它们放置在纸张上，通过轻轻敲打或按压，使植物的形态和纹理留在纸上。
>
> 进行植物拓印的步骤非常简单，只需要准备好植物、纸张、颜料等工具，然后按照以下步骤操作：
>
> · 选择合适的植物，可以是花朵、叶子等，确保它们具有清晰的纹理和颜色。
> · 将植物放置在纸张上，可以选择植物的整体或局部进行拓印。
> · 使用颜料或彩色铅笔，轻轻地在植物上涂抹或涂画，让颜色渗透到纸张上。

- 等待颜料干燥后,小心地揭开植物,就可以看到植物的形态和纹理已经被成功地拓印到纸上了。
- 注意不要把颜料弄得到处都是!
- 用植物拓印修改你的作品吧!

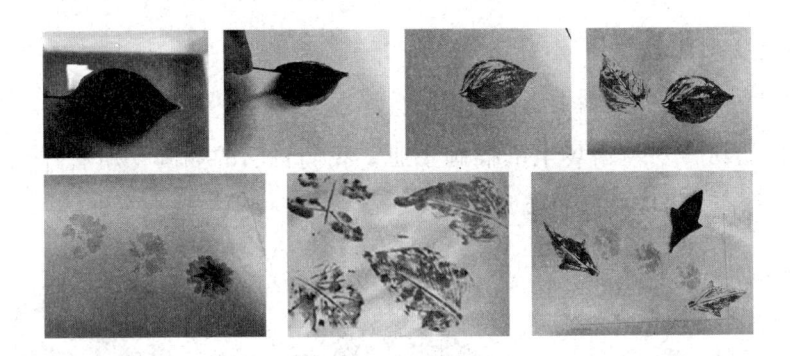

任务4:给植物插画分类

学校计划要给本届"植物插画大赛"的优胜作品编撰"插画手册"。如果你是一名插画师,会给学校提什么建议呢?

(一)换位思考

1. 怎样快速在杂乱无章的插画中找到想要的植物插画呢?

2. 体验一下:拿到一本画册,让同伴指定某个名字寻找3个篇目,看看花了多长时间。

3. 想想怎么样让这些插画变得有序?讨论其分类标准。

我觉得分类标准是:

我的理由是:

（二）付诸行动

给我们的插画分好类，同时别忘了根据今天学习的内容继续美化我们的插画哦。

任务5：装饰我们的植物插画手册

（一）对比思考

1. 展示简易的插画手册，学生欣赏。

2. 研讨：对比市场上的插画手册，我们自己的插画手册有什么不一样？它有什么可以改进的地方？

翻阅《本草纲目》《植物百科全书》等关于植物的图书资料，对比我们的插画。

假如你是一名插画师，你觉得有什么可以改进的地方？

1.

2.

3.

（二）交流

在班上交流分享，将有用的建议填写到下面方框里。例如：

1. 散乱，建议装订成册。
2. 容易翻坏，建议采用合适的保护方法（换材料、包塑封纸等）。
3. 只有图画，建议添加一些文字（园区位置、植物名称、功能等），这样更像植物科普书。
4. 缺少封面、主题、作者、前言等主要信息。
5. 有些插画不够精致，建议改进。
6. 可以添加一些我们自己制作的植物标本，或者添加一些有趣的植物贴画。

（三）设计

根据讨论的问题，小组领取任务，并制订改进计划，做好人员安排。

我的改进计划

1.

2.

3.

（四）课后任务

我们的插画是不是太少了呢？请选择另外一种植物进行插画绘制。

插画设计图

班级		设计者签名		学号	
插画名称：			分布位置：		
绘画： 1.包括绘画和文字说明； 2.色彩鲜明，细节丰富					
我要为它代言！					

任务6：推广我们的植物插画手册

（一）班级交流会

1.展示我们的插画手册。

2.任务：作为一名插画师，怎么推广我们的手册，让更多人见识到我们的劳动成果？想办法发挥它的价值并说说它的用途。

1.作为开心菜园的介绍工具；
2.可以作为我们学校的赠礼；
3.像美术展览一样，开展校园植物插画展；
4.……

（二）筹备新书发布会

怎么推广我们的手册呢？（像新书发布会一样，有展览也有介绍会）

1.分组讨论：制订一个新书发布会的计划。

2.开展竞标会：小组带着自己的小小新书发布会计划书进行竞标。

插画手册发布会计划书

举办地：_____　主持人：_____　总策划：_____　负责人：_____

活动流程：

1.

2.

3.

4.

5.

6.

"种植时令表"项目式学习课程

深圳市深圳中学　覃力

一、课程目标

（一）课程内容概要

种植是我们中国人离不开的一个话题，在中华民族发展的过程中，凝结出了无数宝贵的智慧和经验，如不违农时、因时而动、二十四节气表等。为了更好地践行《劳动课程标准》的教育理念，为学生创造更好的学习体验，本次项目式学习课程以"种植时令表"为主题，让学生在项目活动中体验设计规划、劳动种植等。在活动过程中，培养学生知识运用能力、设计能力、劳动安排规划能力，养成热爱劳动的精神。

（二）课程教学目标

1. 树立正确的劳动观念。通过种植时令表的设计与实践，了解劳动要遵循自然规律，树立劳动最光荣的观念。

2. 提高劳动能力。在活动中培养设计、规划能力，能够种植和养护1~2种当地常见的植物。

3. 培养劳动习惯和品质。在项目的全过程中，能够相互合作，提升知识的运用能力，能够爱护、珍惜彼此的劳动成果。

4. 弘扬劳动精神。在种植时令表的设计和实践中，体会中华民族的智慧以及学习劳动人民艰苦奋斗的精神。

二、课程内容

本课程立足于学校的特色基地——开心菜园，围绕为开心菜园设计一份具有针对性、实践性、指导性的种植时令表展开。通过本课程的学习，学生将了解到四时变化与蔬菜种植的关系，学会制作种植时令表并进行劳动实践。

首先，让学生理解时令的概念以及意义，认识"不违农时"的重要性。其次，我们将深入认识四时的哪些变化会对蔬菜的种植产生影响，从而理解要"因时而动"的原因。我们会将二十四节气表通过知识链接的形式呈现，让学生感受劳动人民的智慧。在此过程中，学生学以致用，依据开心菜园的条件和资源设计一份种植时令表，在亲身的劳动体验中进行优化。最后，开展交流分享活动，激励大家相互学习，给予学生反馈。

综上所述，本课程内容分为以下五个部分。

教学内容	建议课时数
了解时令	1
四时有节	2
小小设计师	2
因时而动	2
展示分享	1

三、课程实施

（一）项目设计概要

本项目创设具有现实意义的问题情境，设计多样化的活动，在自主、合作、探究中突破重难点，进而更好地提升学生劳动学科素养。本项目包括如下内容。

项目名称	种植时令表	课时	8
学科	劳动、科学、美术	年级	一、二年级
项目简述	本项目以"种植时令"为主题，引导学生认识时令及其背后的科学知识，并为学校的劳动实践基地设计一份种植时令表，通过亲身劳动实践培养劳动能力，学以致用，全方位、多维度提升劳动素养		
驱动问题	如何为学校的开心菜园设计一份具有实践性、可行性的种植时令表？		
子问题设计	1. 时令是什么？ 2. 四时的哪些变化会对蔬菜种植产生影响？ 3. 设计种植时令表需要的信息应该如何呈现？ 4. 如何在劳动中优化种植时令表？ 5. 如何分享交流小组成果？		
项目成果	1.开心菜园种植时令表。 2.开心菜园种植日志。 3.菜园蔬菜收获		

（二）项目设计实践

基于驱动性问题"如何为学校的开心菜园设计一份具有实践性、可行性的种植时令表？"进行单元设计，从学习任务、学习目标、学习活动和学习资源四个方面，回应基于学情分析教材内容时所提出的系列问题。

课时数	学习任务	学习目标	学习活动	学习资源
1	时令是什么？	了解时令的意义，初步了解蔬菜的种植安排	阅读与时令有关的资料；探索开心菜园的蔬菜种植	时令资料；开心菜园探索记录
2	四时的哪些变化会对蔬菜种植产生影响？	了解四时的周期变化，蔬菜的习性，以及种植的过程步骤	总结影响蔬菜种植的因素；查阅资料，归纳不同生长习性的蔬菜；了解蔬菜种植的不同阶段	教师提供蔬菜习性、种植时间、过程资料卡
3	设计种植时令表需要的信息应该如何呈现？	能够设计一份具有实践性、指导性的种植时令表	根据开心菜园的实际情况，以小组为单位设计种植时令表	选取优秀种植时令表的作品案例，供学生参考学习

— 52 —

续 表

课时数	学习任务	学习目标	学习活动	学习资源
2	如何在劳动中优化种植时令表？	能够将种植时令表运用到自己的种植实践中，培养合作能力	小组依据设计的种植时令表开展蔬菜的种植养护	教师提供必要的劳动工具
1	如何分享交流小组成果？	分享交流设计的种植时令表	小组进行展示分享	教师给出及时正向的反馈

四、评价维度及成果形式

（一）个人评价

评价方式	设计	种植实践	交流分享
自我评价			
教师评价			
同学评价			

（二）活动评价

以小组为单位，选出学生心中最受欢迎的种植时令表。

五、"种植时令表"项目式学习手册

任务1：了解时令

（一）什么是时令

阅读以下材料：

1. 时令，是古时按季节制订的有关农事的政令。

2. 岁时节令，也称为岁时、岁事、时节、时令等，是人们在社会生活中约定俗成的一种集体性习俗活动，显示了我们祖先对自然运行规律的认识。

3. 荀子云："春耕、夏耘、秋收、冬藏，四者不失时，故五谷不绝。"

农谚云：“谷雨前后栽地瓜，最好不要过立夏。”

1. 我对时令的理解是：
_____
_____
_____
_____

2. 根据时令进行种植有哪些重要性？和你的小伙伴讨论一下吧。
_____
_____
_____
_____

（二）探索开心菜园

同学们，这个地方你们熟悉吗？没错，这里是我们学校顶楼天台的开心菜园。

相信大家都参观过开心菜园，你还记得菜园里种了哪些蔬菜吗？下面让我们一起走进开心菜园，深入了解一下这个秘密基地吧。

1. 请把你搜集到的信息进行记录。

蔬菜名称：_____

种植时间：_____

当前生长状况（可绘制图片进行说明）：_____
_____

种植养护安排（种植过程和时间）：_____
_____

为什么这样安排：_____
_____

2. 和你的小伙伴分享一下你的探索收获吧。

任务2：四时有节

（一）四时变化

一年四季，周而复始，四季又可被划分为二十四节气，指导农耕生产不违农时。那么，四时会给蔬菜种植带来哪些影响呢？请与小伙伴进行讨论、总结。

_____
_____
_____
_____
_____

资料卡片——二十四节气

二十四节气是自然界四季更替和阴阳变化的反映，每个季节都代表着不同的气候特点和物候现象。

在古代，没有高科技仪器为古人农耕预报晴雨，他们根据二十四节气开展农业活动，并从中总结出了很多经验，很多农谚对农业生产起着重要的参考和指导作用。

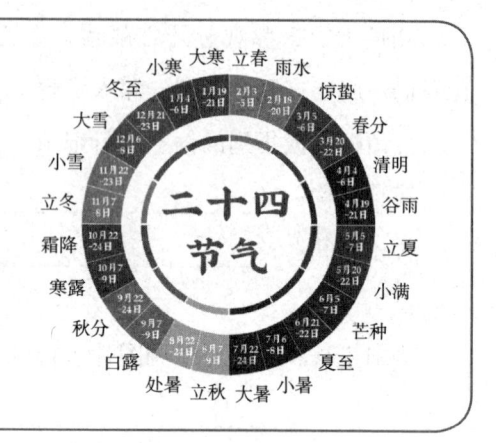

（二）喜好不同的蔬菜

1. 其实蔬菜跟我们人一样，有的喜热，有的耐寒，因此它们需要不同的生长环境。请跟小组成员一起，调查一下不同蔬菜的"喜好"，并进行归纳。

蔬菜特点	蔬菜名称			
喜热				
耐寒				
喜湿				
耐旱				
其他_____				

2. 我们已经了解到了四季的变化会影响蔬菜的种植与生长，知道了蔬菜有不同的习性，现在想一想我们所在地区的气候类型是什么？在不同季节适合种植哪些蔬菜呢？

季节	蔬菜名称			
春季				
夏季				
秋季				
冬季				

（三）种植的不同阶段

蔬菜一经播种，我们应该怎样养护才能获得最后的丰收呢？

步骤	具体过程	注意事项
育苗	准备"育苗盘"，贴上标签，铺上营养土；撒下菜种，再覆盖一定量的营养土	撒下菜种之后，覆盖0.5厘米左右的土量
间苗（疏苗）		
移栽		
养护		
采收		

任务3：小小设计师

为了更合理地规划开心菜园的种植，使得菜园能够源源不断地供应健康美味的时令蔬菜，学校将举办种植时令表设计大赛。让我们一起当菜园种植的设计师吧。

比赛要求：

1. 基于开心菜园的条件，因地制宜进行设计；
2. 以小组的形式进行参赛，每组不超过3人；

3. 最终提交作品的纸张统一为A3大小;

4. 作品内容具有科学性、可行性;

5. 作品形式具有美观性;

6. 鼓励创新和个性化设计。

(一)项目要素

1. 想一想,为开心菜园设计一份具有可行性、实践性的种植时令表,需要呈现哪些关键信息?

2. 如何在一张表格上综合体现这些信息?

（二）项目设计

1. 制订项目计划书。

设计理念：_____

```
                  种植时令表项目计划书

小组名称：
小组成员及分工：
时间安排：
开心菜园的条件分析：

选择种植的蔬菜的品种及原因：
```

2. 作品设计。

小组成员共同设计，将设计草图绘制在如下区域。

3. 作品修改。

各小组交流分享，并对设计中不合理的地方进行修改与完善。

任务4：因时而动

我们每个小组都已经有了一份"种植宝典"，现在就让我们开始种植吧！

（一）认识工具

工欲善其事，必先利其器。让我们回顾一下常用的种植养护工具吧。

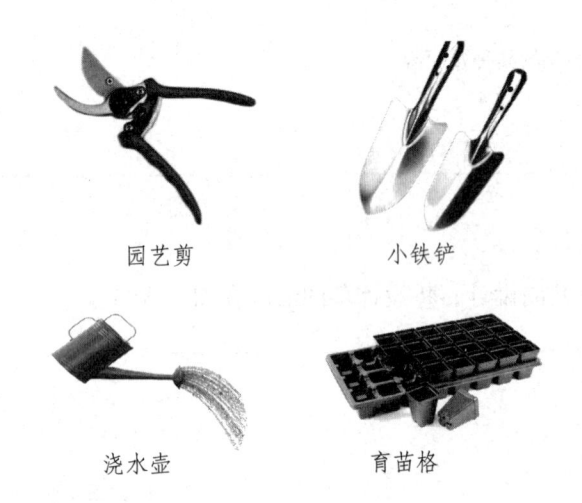

园艺剪　　　　　　小铁铲

浇水壶　　　　　　育苗格

（二）种植实践

1. 成员进行分工，划分职责，进行种植实践。

成员	分工	具体任务

2. 种植日志。

小组成员根据每日种植情况，填写种植日志进行记录。

开心菜园种植日志

日期	天气	我的观察记录	我做的种植养护工作	配图/文字描述	记录人
……	……	……	……	……	……

3. 在种植的过程中，你觉得种植时令表有什么作用？在使用种植时令表的过程中遇到了什么问题，如何优化？

种植时令表的优点	遇到的问题	如何优化

4. 根据你们小组优化调整的内容，在A3纸上绘制出你们小组最终的种植时令表。

任务5：展示分享

(一) 总结回顾

在种植的过程中，我们又升级了自己小组的种植时令表，现在让我们交流一下设计心得，相互学习吧！

种植时令表分享会

（　　）组

组员	
小组宣传口号	
种植时令表展示	
设计说明	
劳动感悟	

（二）评价

1. 在整个项目的学习过程中，你的表现如何？让我们一起进行评价吧。

评价主体	设计	种植实践	交流分享
自我评价			
教师评价			
同学评价			

2. 为你心中最佳的种植时令表进行投票吧！

（三）展望未来

种植的维护工作还需要继续进行，辛勤付出后的大丰收值得我们每一个人期待。丰收后你们有什么计划呢？请进行畅想。

"我们的花样时光"项目式学习课程

珠海市香洲区第十二小学　周敏

一、课程目标

（一）课程内容概要

花，荟萃了大自然的灵秀，给人以美的温馨和爱的遐想。学校五楼的百花园，一年四季有不同的花朵，学生在其中可以感受大自然，接受美的教育。

低年级的劳动课可以与科学活动有机融合，在劳动的过程中以探究的方式发挥学生的主观能动性。在插花活动中，引导学生观察花卉结构，不同花卉形态的区别，融合科学的方法和理念，培养学生的核心素养。

一、二年级的学生已经大体认识植物的结构，对植物有一定的好奇，并且能进行简单的手工制作。在本项目中，学生将亲身实地观察并认识花卉的结构，学会保护身边的常见动植物，初步形成关爱生命、热爱自然的意识。在参与简单的手工制作活动中，学生初步学会规范使用相应工具，体验简单的种植、养殖、手工制作等生产劳动。

（二）课程教学目标

为充分发挥学生的主观能动性，变被动学习为主动学习，达成学科育人的目标，本项目的教学内容全部基于学生的学情分析，由问题链入手，激发学生的好奇心。

教学内容	基于学情的学习分析
我们的四季花卉	1.我们学校的百花园有什么花？（实地观察） 2.百花园一年四季的花一样吗？每个季节都开些什么花？ 3.这些花的寓意是什么？
花卉的结构	1.难点：花是由哪些部分组成的呢？ 2.能不能用彩泥把花的结构做出来？
花的生长过程	1.难点：花都是怎样生长的呢？ 2.重点：花生长需要什么条件呢？ 3.我们能不能绘制花朵的生长过程？
如何插花（一）设计	1.哪些花会被列入你的插花清单？ 2.如何让我们的插花看起来更好看一点？画一画设计图。 3.寻找我们需要用到的工具。花盆？花泥？剪刀？
如何插花（二）实践	4.如何让我们的花盆更好看？装饰一下。 5.插花。我们有没有遇到什么问题？例如，剪花需要斜45度剪，可是我们有没有带量角器……
分享会	1.你打算以怎样的形式参与分享会？ 2.评出多个奖项

根据以上学情分析，本项目确定教学目标如下。

【认知目标】

1.通过实地调查，了解我们的百花园里的花的种类及开放时间。

2.了解花的结构及生长过程。

3.初步了解插花的相关知识，掌握插花的基本制作方法。

4.通过采访和体验，掌握布置阳台花园的原则和方法，并能运用到生活中。

【行为目标】

1.通过调查活动和分解主题，确定自己实践项目的任务顺序。

2.能利用花的形态特点制作盆景。

3.提高观察、思考、解决问题和动手实践能力，增强探究意识、实践意识和合作参与意识。

4.能在劳动中发现问题，通过资料查询、实验对比法等解决问题。

【情感目标】

1. 在感受到绿植可以陪伴我们的生活并为学习注入活力的同时，知道改善居家环境的重要性，认识到劳动创造财富、创造美的道理。

2. 能积极参加一系列家庭植物养护劳动，做到认真细致、有耐心。

3. 能结合实践中的问题进行总结并交流实践经验，乐于分享。

4. 体验插花活动的乐趣，感受插花艺术的美，提高审美能力。

二、课程内容

参照《劳动课程标准》，本课程引导学生从生活中发现问题，如如何利用花卉的形态特点制作盆景、装点书桌，进而分化出小问题，引导学生一步步完成项目。具体教学内容及建议课时数如下表所示。

教学内容	建议课时数
我们的四季花卉（种类及寓意）	2
花卉的结构	1
花的生长过程	1
插花设计	1
插花实践	2
分享会	1

三、课程实施

（一）项目设计概要

本项目创设具有现实意义的情境——认识我们的百花园，让学生在解决问题的过程中锻炼自主合作解决问题的能力，提升信息收集及分析能力，并融合美育，进而更好地提升学生综合素养。本项目设计概要主要包括如下内容。

项目名称	我们的花样时光	课时	8
学科	劳动、科学、美术	年级	一、二年级
驱动性问题	走进百花园，认识百花园 ——我们的百花园里有什么花？一年四季都开些什么花？ ——花为什么这么美？它的结构是什么？生长过程又是什么？ ——我们能不能把百花园搬到室内（怎样插花）？ ——如何向大家展示我们的插花作品？		
项目简述	百花园是我们学校开心菜园中重要的组成部分，种植了非常多的花卉。孩子们非常愿意去那里学习和观察。本项目旨在引导学生认识百花园中的花朵。从科学学科的角度分析花朵的结构、生长过程。从劳动技能、美术学科等方面思考如何进行插花，如何展示插花作品。在此过程中，培养学生的合作意识、分析问题和灵活解决问题的能力，提高学生的美育素养		
学科目标	1.能够运用思维导图列出百花园四季花卉，并清晰讲解四季花卉的区别。 2.通过探究学习，知道花由花柄、子房、胚珠、花冠、花柱、柱头组成。 3.通过收集资料和上课听讲，知道花的生长条件有充足的水分、阳光、空气。不同植物的花的生长条件不一样。 4.能对插花任务进行分析：插什么花、用什么材料、要达到什么效果；能使用简单工具进行插花		
学习内容	香洲区第十二小学PBL项目课程"我们的花样时光"		

（二）项目设计实践

本项目基于情境"走进百花园，认识百花园"进行单元设计，从学习任务、学习目标、学习活动和学习资源四个方面，回应基于学情分析教材内容时提出的系列问题。

课时数	学习任务	学习目标	学习活动	学习资源
2	我们的四季花卉（种类及寓意）	能够运用思维导图列出百花园四季花卉，并清晰讲解四季花卉的区别	1.我们学校的百花园有什么花？（实地观察） 2.百花园一年四季的花一样吗？每个季节都开些什么花？ 3.这些花的寓意是什么？	1.教师带领学生实地观察百花园。 2.提供资料（百花园花卉品种）

续 表

课时数	学习任务	学习目标	学习活动	学习资源
1	花卉的结构	通过探究学习，知道花由花柄、子房、胚珠、花冠、花柱、柱头组成	1.难点：花是由哪些部分组成的呢？ 2.能不能用彩泥把花的结构做出来？	提供不同花卉及简单工具给学生，必要时需要提供花卉结构大照片
1	花的生长过程	通过收集资料和上课听讲，知道花的生长条件有充足的水分、阳光、空气。不同植物的花不一样	1.难点：花都是怎样生长的呢？ 2.重点：花生长需要什么条件呢？ 3.我们能不能绘制花朵的生长过程？	教师讲解植物生长的必要条件
3	如何插花（一）设计 如何插花（二）实践	能对插花进行任务分析：插什么花？用什么材料？要达到什么效果？能使用简单工具进行插花	1.哪些花会被列入你的插花清单？ 2.如何让我们的插花看起来更好看一点？画一画插花设计图。 3.准备我们需要用到的工具，如花盆、花泥、剪刀等。 4.如何装饰我们的花盆？ 5.插花过程中会遇到什么问题？例如，剪花需要斜45度剪，可是我们没有带量角器怎么办？……	教师提供必要的劳动工具
1	插花分享会	能表达自己的设计	1.你打算以怎样的形式参与分享会？ 2.评选出多个奖项	教师需在必要的时候对学生进行嘉奖

四、评价维度及成果形式

（一）项目评价

活动结束后，各小组从知识学习、团队协作等方面进行自评、互评。

1. 自评表标准

项目	等级		
	优秀	良好	需改善
认知	认知准确,思考深入,资料翔实,结论严谨	知识比较准确,对一些问题思考深入,解决问题时参考资料	认知错误多,操作不严谨,缺乏充足的资料论证
表现	形式新颖,演讲吸引人,有感染力	形式比较恰当,有些内容呈现生动	形式不恰当,表达不吸引人
质疑答疑	主动提出有价值的问题,明确实施过程,能独立操作并指导他人	有时提出一些有价值的问题,过程清晰,操作较流畅	不主动质疑,或问题比较浅显,无法操作

2. 成员自评表

自评项目	自评内容
我运用所学知识进行插花的能力	
我在项目中的团队协作与沟通能力	
我在分享会上的表现	
我对项目式学习的了解程度	

3. 小组成员互评表

互评表

姓名	整理资料用心程度	动手能力	沟通协调能力	合作能力

(二) 项目式学习的成果展示

成果类型	成果清单	评价方式
个人成果	1.花卉的结构图。 2.花卉的生长过程。 3.插花设计图及介绍	班级科学课作业展示,美术课作品展览活动
团队成果	插花艺术画展或义卖活动	小组内评价

五、"我们的花样时光"项目式学习手册

花，荟萃了大自然的灵秀，给人以温馨和爱的遐想。我们学校的开心菜园就有一片百花园，它被同学们种满了鲜花，一年四季鲜花盛开。让我们一起走进花的世界，欣赏花的艺术，探究花与生活的奥秘！

任务1：了解百花园

你去过百花园吗？百花园里有什么花？一年四季的花一样吗？每个季节都开些什么花？这些花的寓意是什么？

（一）学习目标

1. 能够运用思维导图列出百花园里的四季花卉。

2. 能够清晰讲解四季花卉的区别。

（二）学习步骤

每完成一个步骤就在对应"□"中打"√"。

□ 1. 实地考察百花园。

□ 2. 能说出百花园中的四种以上花的品种。

□ 3. 能说出百花园中代表一年四季的花卉，并用思维导图表达出来。

□ 4. 能说出两种以上花的寓意。

任务2：了解花的结构

花为什么这么美？它的结构是什么？

（一）学习目标

1. 能够分辨花的结构。

2. 通过探究学习，知道花由花柄、子房、胚珠、花冠、花柱、柱头组成。

（二）学习步骤

每完成一个步骤就在对应"□"中打"√"。

□ 1. 能对半切开花朵。

□ 2. 能说出花朵各部分的名称，并尽可能画出来。

□ 3. 能用彩泥做出花的结构图，并标出各部分名称。

任务3：了解花的生长条件

花朵如此美丽，它的生长条件是什么？

（一）学习目标

1. 知道花的生长条件有充足的水分、阳光、空气。

2. 通过观察，知道不同植物的花的生长条件不一样。

（二）学习步骤

每完成一个步骤就在对应"□"中打"√"。

□ 1. 实地观察不同植物的生长环境，记录你最喜欢的那一株植物的生长条件。

□ 2. 如果没有水，你喜欢的那株植物会怎么样？请你画出来。

☐ 3. 如果没有阳光，你喜欢的那株植物会怎么样？请你画出来。

☐ 4. 如果没有空气，你喜欢的那株植物会怎么样？请你画出来。

任务4：花期的延长

我们能不能把百花园搬到教室内？家长和老师教育我们不能随意采摘花草，但是如果我们能对花进行艺术创作，通过设计让花的花期延长，并装点室内，这就两全其美了。那我们怎样进行插花呢？

（一）学习目标

1. 能对插花任务进行简单分析。

2. 能使用简单工具进行插花。

（二）学习步骤

每完成一个步骤就在对应"☐"中打"√"。

☐ 1. 选出自己的插花清单。

☐ 2. 画出插花设计图。

我的插花设计图

需要的花朵：

我的设计：

用到的工具和材料：

☐ 3. 能写下插花过程中遇到的问题及解决办法。

我遇到的困难1：

我是这样解决的：

我遇到的困难2：

我是这样解决的：

任务5：插花分享会

我们都设计出了最美的插花，下面来讨论可以用什么形式分享给其他人，如可以采用义卖会、花展等形式展示出我们的设计。

（一）学习目标

能充分表达自己的设计理念。

（二）学习步骤

每完成一个步骤就在对应"□"中打"√"。

□ 1. 小组成员对分享会的方式进行讨论，决定出分享方式。

□ 2. 小组成员对自己的插花艺术进行宣传设计，设计出宣传口号。

□ 3. 以小组为单位展示自己的插花艺术。

插花分享会

（　　）组

组员	
分享形式	
地点	
小组宣传口号	
插花艺术设计说明	

"制作植物标本创意画"项目式学习课程

深圳市福田区深圳中学梅香学校（小学部）　赵津津

一、课程目标

（一）课程内容概要

植物标本是保存植物形态，研究植物多样性，保护生物学，以及生物学教育的一种特别的资料。在标本的采集和制作过程中,学生不仅能够学习到植物标本的相关知识,还能了解到植物的结构、生长过程以及与环境的互动关系。学生亲手制作的标本,不仅是一份科学研究的成果,更是一件具有审美价值的艺术品。为了让学生更好地感受植物标本的神奇与奥妙,领略生命之美,培养学生对自然的敬畏和热爱之情,本次课程从了解植物标本的基础知识开始,让学生学习植物标本的类型与制作过程,学会观察与采集植物,并亲手完成一个植物标本创意画的设计与制作。在项目学习过程中,学生将发挥自己的创造力与动手能力以及发现问题与解决问题的能力。

(二)课程教学目标

1. 树立正确的劳动观念。参与制作植物标本创意画的全过程,了解制作植物标本的方法,认识到植物标本不仅是一份科学研究的成果,更是一件具有审美价值的艺术品。

2. 提高劳动能力。提高手工制作技能、运用植物标本进行艺术创作的能力。

3. 养成良好的劳动习惯和品质。通过制作植物标本创意画,培养合作、自主求知、探索的意识,培养对自然的敬畏和热爱之情。学会用科学和艺术的眼光,去发现和理解世界的美好。

4. 弘扬劳动精神。鼓励学生在制作植物标本创意画过程中,发扬勇于尝试、不断探索和创新的劳动精神。

二、课程内容

本课程将带领学生走进植物标本的世界。通过本课程的学习,学生将了解植物标本相关知识,学会观察与采集植物的方法,掌握植物标本制作的基本技术并创新应用。

首先,我们从植物标本的基础知识开始,探索植物标本的概念、类型、作用及制作方法。在此基础上,我们将选取合适的植物做标本。我们需要学习观察植物的方法来更好地观察植物。在仔细观察植物的过程中，可以发现一株植物有四个基本组成部分：根、茎、叶、花，并且这四个部分都可以做成标本。其次，我们将学会采集需要的植物并体验制作植物标本的过程。通过实践创新，我们将学会如何将科学与艺术相结合，设计并制作出富有创意的植物标本画。最后，我们将进行作品展示和评价。学生可以将自己的植物标本创意画带来，与其他同学分享交流。

综上所述，本课程内容主要分为以下五部分。

教学内容	建议课时数
什么是植物标本？	1
如何观察校园里的植物？	1
如何制订植物标本创意画的设计方案？	2
如何制作植物标本？	2
如何制作并展示自己的植物标本创意画？	2

三、课程实施

（一）项目设计概要

本项目通过创设生活化的问题情境，设计多样化活动，帮助学生在合作探究中更好地提升劳动学科素养。本项目设计概要主要包括如下内容。

项目名称	制作植物标本创意画	课时	8
学科	科学、劳动	年级	一、二年级
项目简述	自从学校的开心菜园开园以来，我们见证了一颗颗种子生根、抽芽、长叶、开花及结果的过程。如果能把植物花朵、叶片和枝条等部分长久地留存下来，变成精美的植物标本创意画该有多好啊！本项目符合低年级小朋友活泼好动的性格特点，以自主探究和动手操作为主。制作一幅独一无二的植物标本创意画，不仅能让孩子们认识植物的结构，更能激发孩子们的想象力和创造力，使他们在神奇的大自然中感受到艺术的熏陶		

续表

项目名称	制作植物标本创意画	课时	8
学科	科学、劳动	年级	一、二年级
驱动问题	如何让校园里的植物留存下来，变成精美的植物标本创意画？		
子问题设计	1.什么是植物标本？ 2.如何观察校园里的植物？ 3.如何制订植物标本创意画的设计方案？ 4.如何制作植物标本？ 5.如何制作并展示自己的植物标本创意画？		
项目成果	1.植物观察表。 2.植物标本创意画的设计方案。 3.植物标本展示。 4.植物标本创意画展示		

（二）项目设计实践

基于驱动问题"如何让校园里的植物留存下来，变成精美的植物标本创意画？"进行单元设计，从学习任务、学习目标、学习活动和学习资源四个方面，回应基于学情分析教材内容时所提出的系列问题。

课时数	学习任务	学习目标	学习活动	学习资源
1	什么是植物标本？	了解植物标本的知识，初步了解植物标本制作过程	阅读植物标本相关资料；讨论分享有关植物标本的知识	植物标本相关资料
1	如何观察校园里的植物？	知道观察植物的方法；能利用多种感官观察植物的外部形态特征并画出植物的简图，锻炼学生的观察能力、艺术表现能力	实地探访，选择便于制作标本的植物并仔细观察	观察校园植物记录表
2	如何制订植物标本创意画的设计方案？	知道如何设计标本创意画并做好前期所需植物的采集工作	在正式制作植物标本创意画前完成设计方案的制订，并在此基础上采集所需植物	设计方案学习任务单、采集和保存植物工具记录单

续表

课时数	学习任务	学习目标	学习活动	学习资源
2	如何制作植物标本？	知道植物标本的制作方法	教师讲解植物标本的制作过程；学生按照教师讲解的步骤制作植物标本	植物标本的制作步骤、植物标本统计表
2	如何制作并展示自己的植物标本创意画？	参与植物标本创意画的设计与制作过程，锻炼动手能力及创新能力	学生利用做好的植物标本，制作植物标本创意画	"最美植物标本创意画"评价表

四、评价维度及成果形式

（一）项目评价

植物观察表评价量规

评价维度	评价标准	自评	互评	师评
信息要素	有植物名称			
植物简图	简图清晰完整			
展示分享	介绍条理清晰			

植物标本展示评价量规

评价维度	评价标准	自评	互评	师评
信息要素	有标本名称、标本采集地点、制作小组信息（组名、成员信息）			
植物标本	植物标本美观完整			
展示分享	植物标本制作的心得体会条理清晰、内容完整			

植物标本创意画展示评价量规

评价维度	评价标准	自评	互评	师评
信息要素	有作品名称、制作小组信息（组名、成员信息）			
植物标本	植物标本美观完整			
图案设计	图案有特色、有创意且与设计主题相符			
色彩搭配	植物标本颜色和图案色彩搭配合理，整体美观			
解说内容	作品解说条理清晰、内容完整			

小组合作学习评价量规

评价维度	评价标准	自评	互评	师评
分工协作	主动承担小组任务并出色完成			
建议设想	大部分环节都能提出建议和想法			
学习态度	积极主动，乐于帮助组内其他成员			

（二）项目式学习的成果展示

成果类型	成果清单	评价方式
团队成果	植物观察表	植物观察分享会、小组互评
	植物标本创意画的设计方案	小组互评
	植物标本展示	植物标本分享会、小组互评
	植物标本创意画展示	班级作品展、小组互评

五、"制作植物标本创意画"项目式学习手册

任务1：初识植物标本

（一）什么是植物标本

在大自然中遇见各种美丽的植物时，不知道你会不会捡起地上的落叶或落花，拿回家夹在书本里做书签呢？这个书签其实就是最简单的植物标本。植物标本是指植物的全株或者一部分，经过采集、压制或者浸泡，制作成可供观察、学习、研究的实物标本。

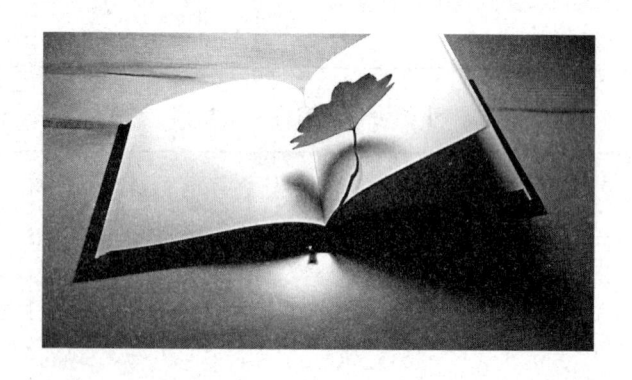

按照制作方法，植物标本可以分为压制标本、浸制标本、风干标本、水晶滴胶标本等。

压制标本，又称腊叶标本，是指将新鲜的植物材料用吸水纸压制使之干燥后装订到台纸上制成的标本。

浸制标本是用药剂将植物浸泡到标本瓶中而制成的。

风干标本是直接将新鲜的植物暴露在空气流通的地方，让它自然干燥而成的标本。

水晶滴胶标本是用滴胶材料将植物固定，以展示植物形态和结构的标本。

压制标本 　　　　　　　　　　浸制标本

风干标本 　　　　　　　　　　水晶滴胶标本

你还知道哪些有关植物标本的知识？和你的伙伴分享一下。

（二）为什么需要植物标本

对于植物学家来说：

对于大众来说：

（三）如何制作压制植物标本

首先，把植物根部的土壤洗干净，然后将植物夹在大的报纸里，上面再压上重物，定时更换吸水用的报纸。

其次，用胶水将干燥后的植物标本贴在台纸上，将写有物种名称、采集地点、采集者等信息的标签贴在标本旁，方便查询及整理。

任务2：观察校园植物

制作植物标本的第一步是选取合适的植物。请同学们学习观察植物的方法并认真观察校园植物。

（一）观察植物的方法

在正式观察校园里的植物之前，需要确定本组观察植物的方法。你一定想到了一些观察植物的方法，和你的伙伴分享一下吧。

序号	姓名	方法
1		
2		
3		
4		
5		
通过讨论，我们小组最终选择的观察植物的方法：		

（二）校园植物我知道

校园里有哪些植物，它们有哪些特点呢？一起走进校园来观察，并尝试画出整株植物的简图，记录观察结果，并和大家一起分享吧。

植物简图

①	②	③
名称：	名称：	名称：
④	⑤	⑥
名称：	名称：	名称：

我们小组一共观察了（　　　）种植物。
我们发现以上植物有共同的特点，都是由　　　　　　　　部分组成的。

通过调查，我们发现一株植物由四个基本部分组成：根、茎、叶、花。植物这四个部分都可以做成标本。

任务3：植物标本画的设计

（一）制订植物标本创意画的设计方案

为了更好地创作植物标本创意画，在正式开始植物标本创意画的制作前，和小伙伴一起构思一下设计方案吧。

植物标本创意画的设计方案	
设计主题	
使用材料	
图案设计	
色彩搭配	
设计说明	

（二）采集和保存植物

确定了设计方案后就知道要去校园采集哪些植物了。在采集和保存植物时，需要用到哪些工具与材料，并注意哪些事项呢？和你的伙伴分享一下吧。

步骤	需要的工具与材料	注意事项
采集植物		
保存植物		

— 84 —

任务4：植物标本的制作

（一）制作压制植物标本的方法

同学们太棒了，创意画所需要的植物终于采集完了。请按照以下制作步骤，将采集的植物都做成植物标本吧。

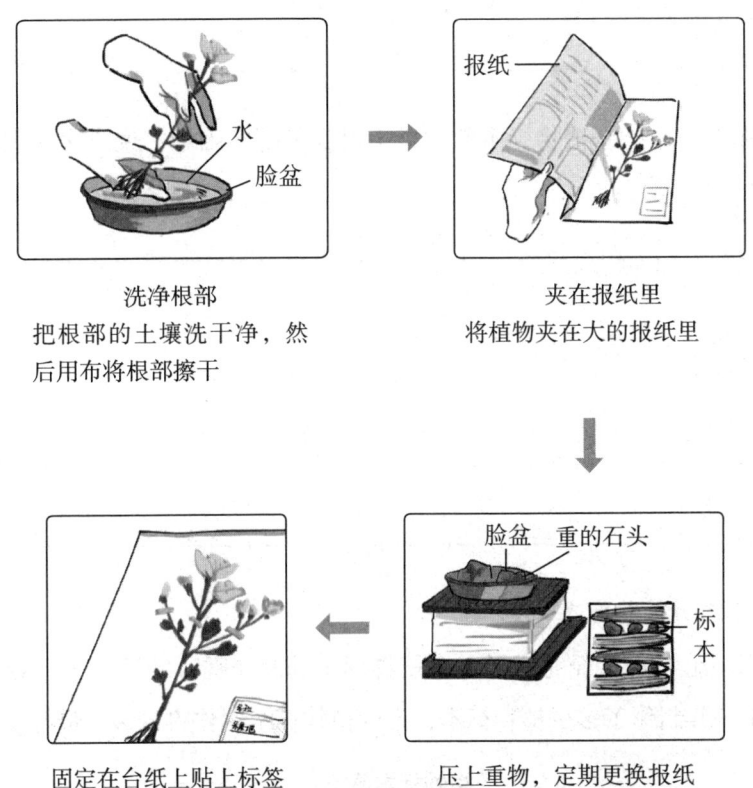

洗净根部
把根部的土壤洗干净，然后用布将根部擦干

夹在报纸里
将植物夹在大的报纸里

压上重物，定期更换报纸
干燥植物标本，可用吸水性能良好的报纸交叉重叠，然后将植物标本夹压在中间，上面再压上重物，定时更换吸水用的报纸

固定在台纸上贴上标签
用胶水将植物标本贴在台纸上，将物种名称、采集地点、采集者等写在标签上贴好

1. 以上是比较常规的制作压制植物标本的方法。对于制作压制植物标本的方法，你有没有更好的建议？跟大家分享一下你的想法吧。

2. 你在制作压制植物标本的过程中遇到了哪些困难？说出来让大家帮帮你吧。

（二）统计植物标本

你们小组一定已经完成了很多植物标本的制作吧，统计一下，看看你们小组里一共制作了多少植物标本，谁的植物标本制作得最多、最好。

植物标本清单

序号	名称	采集地点	制作时间	制作者
1				
2				
3				
4				
5				
6				

续 表

序号	名称	采集地点	制作时间	制作者
7				
8				
9				

（三）植物标本制作分享会

大家一定制作了很多精美的植物标本吧，请跟大家分享一下你们小组在制作植物标本过程中的心得体会吧。

任务5：制作植物标本创意画

1. 请为你们小组的植物标本创意画写一段解说词，向大家介绍你们的作品吧！

2. "最美植物标本创意画"评选开始啦，大家一起来投票吧！

我心中的"最美植物标本创意画"

第一名作品		理由	
第二名作品		理由	
第三名作品		理由	

3. 除了植物标本创意画，你还能利用植物标本制作哪些装饰品？跟大家一起来分享一下吧。

"开心菜园昆虫科普读本制作"项目式学习课程

珠海市香洲区第十二小学　张少丽

一、课程目标

（一）课程内容概要

昆虫是自然界中最为丰富多样的生物群体之一，它们在我们的生活中扮演着重要的角色。为了让学生更好地了解昆虫，培养学生对自然科学的兴趣，本次课程将围绕学校开心菜园昆虫科普读本的制作展开。通过项目式学习的方式，学生将学习昆虫的分类、习性、生态功能等基本知识，并亲手制作一本属于自己的昆虫科普读本，以此加深对昆虫世界的认识。

（二）课程学习目标

1. 树立正确的劳动观念。认识到昆虫观察和研究是了解自然、探索生物多样性的一项重要劳动，从而树立正确的劳动价值观，尊重并珍惜每一项与自然相关的劳动。

2. 提高劳动能力。掌握观察和记录昆虫的基本方法，学会运用图文结合的方式进行科普创作，能够熟练运用观察工具进行实践操作，提高观察力和记录能力。

3. 养成良好的劳动习惯和品质。培养耐心细致的观察习惯，形成持续学习和探索的积极态度，不断积累昆虫知识。

4. 弘扬劳动精神。通过昆虫观察和科普读本的制作活动，培养对昆虫和自然的热爱之情，增加对生物多样性的关注，增强对昆虫的保护意识。

二、课程内容

本课程将围绕昆虫的分类、形态、习性以及与人类的关系等方面展开。以下教学内容可以引导学生逐步完成开心菜园昆虫科普读本的制作。

教学内容	建议课时数
认识常见菜园昆虫	1
昆虫观察与记录	1
科普读本内容构思与设计	1
图文结合创作实践	1
作品展示与评价	1

三、课程实施

（一）项目设计概要

项目名称	开心菜园昆虫科普读本制作	课时	5
学科	劳动、科学、技术、语文	年级	五、六年级
项目简述	本项目以制作开心菜园昆虫科普读本为核心任务，通过昆虫学知识的学习和科普读本创作实践，培养学生的观察力、想象力和创造力。学生将在教师的指导下分组合作，完成从昆虫认知到读本制作的整个过程		
驱动问题	假设你是一名昆虫学家，该怎样制作一本开心菜园昆虫科普读本？		
子问题设计	1.昆虫有哪些基本特征和分类？ 2.菜园中常见的昆虫有哪些？它们的生态习性是什么？ 3.如何进行昆虫观察和数据记录？ 4.如何撰写一篇有趣且科学的昆虫科普文章？ 5.如何对科普文章进行排版设计，形成一本精美的科普读本？		
项目成果	1.开心菜园昆虫科普读本一本（包含封面、目录、正文、图片等内容）。 2.昆虫观察记录表、科普文章草稿等过程性材料。 3.学生展示和交流的PPT或视频等材料		

（二）项目设计实践

基于核心任务"制作开心菜园昆虫科普读本",进行项目式学习设计,明确学习任务、学习目标、学习活动及学习资源。

课时数	学习任务	学习目标	学习活动	学习资源
1	菜园昆虫探索	认识常见菜园昆虫及其习性	实地考察菜园昆虫,记录观察结果	观察记录表、昆虫图谱
1	昆虫观察与记录	掌握昆虫观察与记录的方法	学习昆虫摄影技巧,绘制昆虫简图	摄影器材、绘画工具
1	读本内容构思	确定读本主题和内容框架	分组讨论,绘制思维导图	思维导图软件、范例读本
1	图文结合创作	运用图文结合的方式进行科普创作	撰写科普文章,绘制插图	文字编辑软件、绘图软件
1	读本修订完善	修订读本内容,完善图文排版	小组互评,教师指导	排版软件、打印设备

四、课程评价

课程评价将采用过程性评价与结果性评价相结合的方式,注重对学生学习过程中的参与度、合作能力、创新思维等方面的评价,同时关注读本的完成质量和科普效果。评价方式包括自我评价、小组互评和教师评价,旨在促进学生的全面发展。

五、"开心菜园昆虫科普读本制作"项目式学习手册

任务1：认识菜园里常见的昆虫

（一）菜园里常见的昆虫

1.跳甲类

寄主：甘蓝、花椰菜、白菜、萝卜、油菜等十字花科蔬菜。

危害特点：成虫食叶,幼虫只危害菜根。

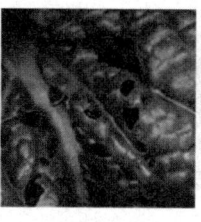

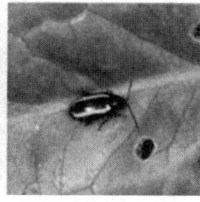

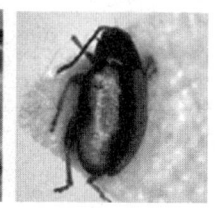

2. 小菜蛾

寄主：除危害十字花科蔬菜外，也会危害番茄、生姜、马铃薯、洋葱等多种植物。

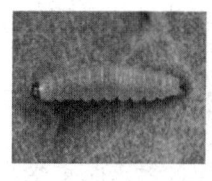

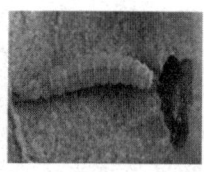

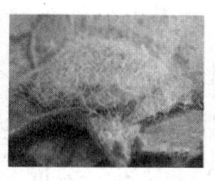

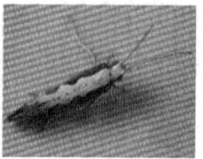

3. 烟粉虱

寄主：棉花、烟草、番茄、甘薯、黄瓜、豆类、十字花科等多种植物。

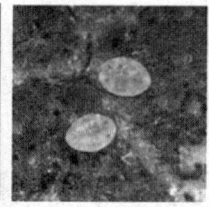

4. 菜粉蝶类

寄主：以十字花科蔬菜为主。

危害特点：以幼虫取食叶片为主。

5.叶甲类

小猿叶甲习性：危害白菜、萝卜、芥菜、油菜等，偶尔危害水芹菜、胡萝卜。幼虫、成虫均可危害叶片，在叶背和叶心内啃食叶片成缺口或孔洞，严重的成网状，仅剩叶脉。年繁殖2~6代，成虫在根隙或叶下越冬。幼虫和成虫均具有假死性。

守瓜类习性：成虫取食叶片、嫩茎、花器及幼瓜，幼虫取食根部。

黄足黑守瓜寄主为丝瓜、苦瓜、黄瓜等瓜类。黄守瓜寄主除瓜类外，还有十字花科、茄科、豆科等蔬菜和桃、梨、柑橘等水果。

斑鞘豆叶甲习性：取食大豆等豆类作物。成虫危害豆叶片、地下茎部、子叶及嫩芽，受害叶片呈现缺口、孔洞、破碎或幼苗枯萎。幼虫危害幼苗和根部表皮及须根，影响幼苗的生长发育。

（二）我还知道菜园里的其他常见昆虫

任务2：观察与记录开心菜园里的昆虫

（一）如何进行昆虫观察和数据记录？

进行昆虫观察和数据记录是一个既有趣又富有挑战性的任务。以下是一些基本的步骤和技巧，帮助你进行昆虫观察和数据记录。

1. 确定观察区域。选择菜园中不同的区域进行观察，包括各种蔬菜的种植区域，以及可能吸引昆虫的角落和边缘地带。

2. 选择观察时间。昆虫的活动可能因时间而异，因此需要在不同的时间段（如清晨、傍晚、夜间）进行观察，以获得更全面的数据。

3. 准备观察工具。带上放大镜、手电筒、记录本、相机等必要的观察工具。

4. 选择记录方式。数据记录可以采用多种方式，如文字描述、表格记录、图片拍摄等。你可以根据自己的需求和喜好选择适合自己的记录方式。

5. 记录基本信息。在记录昆虫数据时，首先要记录昆虫的基本信息，如观察时间、地点、天气状况等。这些信息有助于了解昆虫的生活环境和生态背景。

6. 描述昆虫特征。记录昆虫的外形特征、生活习性、行为方式等方面的信息。可以详细描述昆虫的头部、胸部、腹部、翅膀、足部等部位的特征，以及它们的取食、交配、繁殖等行为。

7. 使用图表和图片。在记录过程中，可以使用图表和图片来辅助记录。例如，可以绘制昆虫的外形图或生活习性图，以便更直观地展示昆虫的特征。同时，可以拍摄昆虫的照片或视频，以便后续分析和研究。

（二）开心菜园昆虫奇遇记

将你在开心菜园里发现的昆虫填到下表中。

昆虫照片	（照片）	（照片）	（照片）	（照片）
昆虫名称				
昆虫习性				

任务3~5：制作开心菜园昆虫科普读本

想一想：
要制作一本开心菜园昆虫科普读本，需要考虑哪些问题呢？
_____
_____
_____

小组分工表
读本主题：
文字撰写：
照片选取：
图案设计：
颜色搭配：

（一）如何撰写一篇有趣且科学的昆虫科普文章？

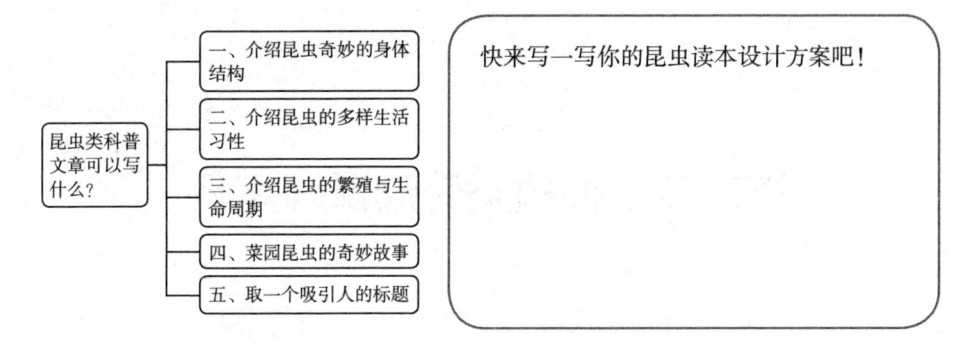

昆虫类科普文章可以写什么？
- 一、介绍昆虫奇妙的身体结构
- 二、介绍昆虫的多样生活习性
- 三、介绍昆虫的繁殖与生命周期
- 四、菜园昆虫的奇妙故事
- 五、取一个吸引人的标题

快来写一写你的昆虫读本设计方案吧！

（二）交流分享

和你的小伙伴交流并分享昆虫读本的设计，并对设计中不合理的地方进行修改完善。

需要修改和完善的地方如下：

（三）项目评价

你在项目活动中表现如何？让我们在同学和老师的帮助下完成下面的评价表吧！

评价指标	学生自评及感受	小组互评	教师评价
任务完成度			
创新性			
团队协作			
问题解决能力			

第二节　种植类劳动课程案例

"'蒜蒜'成长记"项目式学习课程

珠海市香洲区第十二小学　徐波

一、课程目标

（一）课程内容概要

水培是一种新型的植物无土栽培方式，又可以叫营养液培，其核心是将植物的根系直接浸润到营养液中，这种营养液能替代土壤，向植物提供水分、养分、氧气等生长条件，使植物能够正常生长。水培技术是种植中的一项新技术，在城市生活的学生值得掌握这一门技术，可以将它应用于农业生产劳动之中。本次课程从认识大蒜的特点开始，让学生了解大蒜的生长过程，自主查资料创作大蒜图鉴，并制作"'蒜'里有识"展板。通过学校开心菜园的水培种植基地学习水培技术，学生策划水培大蒜种植方案，并尝试水培大蒜。通过实践体验，学生能够发现问题和解决问题，提高种植技术，锻炼动手实践能力。

（二）课程教学目标

1. 树立正确的劳动观念。认识大蒜的生长特点及价值，尊重生命，热爱生命。学习水培大蒜的基本方法，并通过实践体验，提高种植技术和动手实践能力。

2. 提高劳动能力。在解决实际问题中，与同学分享交流水培种植中的收获，提高观察和探究的能力，探索更好的水培种植技术。

3. 养成良好的劳动习惯和品质。学生在水培大蒜的过程中感受劳动的快乐，体验收获的喜悦，传承自食其力的中华民族的优秀传统文化。

二、课程内容

按照《劳动课程标准》及课程开发相关要求，本课程具体教学内容与建议课时数如下表所示。本课程重视实践体验与劳动意识相结合，强调学生在进一步学习水培大蒜知识的基础上，通过实践体验，提高种植技术和动手实践能力。本单元分成5个课时一步步地揭开水培大蒜"成长记"。

教学内容	建议课时数
"蒜"里有识	1
独树一"蒜"	1
你说了"蒜"	1
胜"蒜"在握	1
"蒜"你最棒	1

三、课程实施

（一）项目设计概要

本项目创设具有实际意义的问题情境，帮助学生运用水培技术种植大蒜，使学生在自主合作解决问题的过程中提升劳动能力和合作能力，学习水培大蒜的科学种植方法，进而更好地提升劳动素养。本项目设计概要包括如下内容。

项目名称	"蒜蒜"成长记	课时	5
学科	劳动	年级	四年级
项目简述	水培是一种新型的植物无土栽培方式，又可以叫营养液培，其核心是将植物的根系直接浸润到营养液中，使植物获取水分、养分、氧气等，从而使植物能够正常生长。水培技术是种植中的一项新技术，在城市生活的学生值得掌握这一门技术，可以将它应用于农业生产劳动之中		
驱动问题	学校开心菜园招聘水培大蒜种植推广员。假如你就是这个项目的推广员，你会怎么推广？		
子问题设计	1.大蒜知识知多少？ 2.什么是水培？ 3.水培大蒜种植的程序是什么？ 4.如何推广水培种植大蒜技术？		
项目成果	1.大蒜图鉴。 2.水培大蒜成长示意图。 3.水培大蒜种植技术推广活动		

（二）项目设计实践

基于本项目的驱动问题展开"'蒜蒜'成长记"项目式学习课程，通过若干相互联结的学习任务（子问题）展现解决驱动问题的学习目标、学习活动、学习资源等，回应基于学情分析校本课程中所提出的系列问题。

课时数	学习任务	学习目标	学习活动	学习资源/支架
1	"蒜"里有识	能通过网络搜索资料的方式，认识大蒜的生长特点及价值。尊重生命，热爱生命	1.认识大蒜 （1）学生观察大蒜，看一看它由哪些部分组成。 （2）学生分享搜集的资料，如蒜的品种、蒜的食用价值、蒜的药用价值。 2.创作大蒜图鉴	"'蒜'里有识"学习任务单

续 表

课时数	学习任务	学习目标	学习活动	学习资源/支架
1	独树一"蒜"	学习水培大蒜的基本方法,并通过实践体验提高种植技术,培养动手实践能力	1.学习水培技术。 2.学习水培大蒜方法。 3.学生分组栽种	"独树一'蒜'"学习任务单
1	你说了"蒜"	在解决实际问题中,与同学分享交流水培种植中的收获,提高观察和探究的能力,探索更好的水培种植技术	1.分享水培大蒜记录,探索更好的水培技术。 2.展示水培大蒜种植成果。 3.制作水培大蒜成长示意图	"你说了'蒜'"学习任务单
1	胜"蒜"在握	能在实践活动中,介绍和传授水培大蒜种植的技巧	水培大蒜种植技术推广活动	"胜'蒜'在握"推广记录表
1	"蒜"你最棒	分享在"蒜蒜"成长过程中的收获,树立正确的劳动意识,形成爱劳动的习惯	"'蒜'里有识"小组分享收获。 "独树一'蒜'"小组分享收获。 "你说了'蒜'"小组分享收获。 "胜'蒜'在握"小组分享收获	"'蒜蒜'成长记"评价单

四、评价维度及成果形式

本项目式学习课程中,学生围绕驱动问题合作探究,教师则提供学习资源、学习支架,适时进行引导帮助,使学生在自主、合作学习的基础上进行应用实践并形成相关成果,最终达成预期的学习目标。因此,成果形式要能够反映学习目标的达成度,而评价维度必须是基于学习目标的评价。

(一)项目评价

活动结束后,各小组从知识学习、团队协作等方面进行自评、互评,具体如下：

1. 水培大蒜种植的知识与技能。

2. 树立热爱生命、尊重劳动的观念。

3. 水培大蒜种植技术推广的创意能力、动手能力和合作能力。

4. 利用水培技术进行大蒜种植实践的劳动能力、合作能力和问题解决能力。

成员自评表

评价项目	评价等级
我了解大蒜的生长特点	☐☐☐☐☐
我能意识到种植时令表的作用	☐☐☐☐☐
我能设计出一份种植时令表	☐☐☐☐☐
我能根据水培种植过程中遇到的问题，对水培大蒜种植进行改善	☐☐☐☐☐
我会使用简单的工具进行水培大蒜种植	☐☐☐☐☐
我在小组活动中能够与小组成员进行交流、合作	☐☐☐☐☐
我在小组活动中能够承担一定的任务，并且尽职地完成	☐☐☐☐☐
我喜欢学校的"开心菜园"招聘水培大蒜种植推广员活动	☐☐☐☐☐
我对项目式学习的了解程度	☐☐☐☐☐

小组成员互评表

姓名	担任角色	水培大蒜种植活动中的投入程度	动手能力	沟通协调能力	我还想和他/她合作

（二）项目式学习的成果展示

成果类型	成果清单	评价方式
个人成果	1.大蒜图鉴。 2.水培大蒜成长图	作业展

续 表

成果类型	成果清单	评价方式
团队成果	1.种植时令表。 2.水培大蒜种植实践的成果（种植收获）。 3.胜"蒜"在握——水培大蒜种植推广相关成果资料	作业展； 活动评价表

五、"'蒜蒜'成长记"项目式学习手册

任务1："蒜"里有识

大蒜知识知多少

大蒜，百合科葱属多年生草本植物，又分为硬叶蒜和软叶蒜，中国最常见的大蒜就属于硬叶蒜。大蒜通常由多数肉质、瓣状的小鳞茎紧密地排列而成，外面有数层白色至带紫色的膜质鳞茎外皮；大蒜的叶包括叶身和叶鞘，叶宽条形至条状披针形，扁平；花葶实心，圆柱状，总苞早落，伞形花序密具珠芽，间有花，小花梗纤细，卵形小苞片大，花常为淡红色，花柱不伸出花被外，花期7月。大蒜原产自亚洲西部或欧洲，西汉武帝建元二年（公元前139年）前后，大蒜被张骞带到了中国，现在已有悠久的栽培历史，中国南北地区普遍栽培。让我们运用水培技术种植大蒜并推广这门技术，感受科学种植技术的魅力。

（一）大蒜的种类

大蒜的分类有以下几种方法。

蒜瓣大小分类法	外皮颜色分类法	鳞茎解剖分类法	生态适应性分类法
大瓣蒜、小瓣蒜	紫皮蒜、白皮蒜	单层蒜衣变种、双层蒜衣变种	低温敏感型、低温中间型、低温迟钝型

（二）大蒜结构图我知道

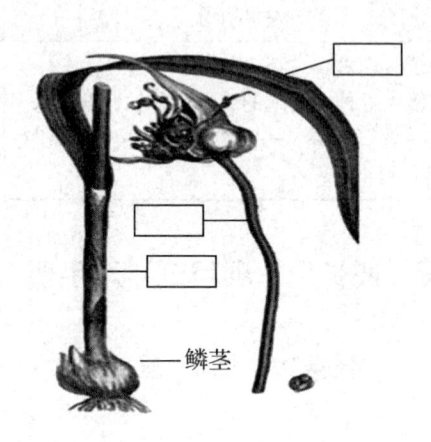

鳞茎

（三）大蒜价值我知道

大蒜的营养成分相当丰富，我们会吃糖醋蒜、腊八蒜、蒜叶炒肉等。关于大蒜的美食，你还知道哪些？大蒜的食用价值和药用价值你了解多少？我们一起和小组成员探讨吧！

大蒜价值	我知道
"蒜"里的美食	
食用价值	
药用价值	

（四）大蒜图鉴我制作

大蒜在世界上已有悠久的栽培历史，中国南北地区普遍栽培。为了让生活在城市中的学生对大蒜有更多的认识，我们一起制作"'蒜'里有识"图鉴。制作要求如下：

1. 用文字和图片的形式制作大蒜图鉴。

2. 画面布局合理，介绍清晰明了，图文并茂。

3. 图鉴尺寸为A4纸大小。

"'蒜'里有识"图鉴

任务2：独树一"蒜"

水培知识知多少？

水培是一种新型的植物无土栽培方式，又名营养液培，其核心是将植物的根系直接浸润于营养液中，这种营养液能替代土壤，向植物提供水分、养分、氧气等生长条件，使植物能够正常生长。

（一）土培和水培的区别

同学们，传统的土培种植和现代的水培种植，它们之间有什么区别？水培种植的优势在哪里？我们一起来探讨吧！

土培技术	水培技术
水培的优势：	

（二）招聘开心菜园水培大蒜技术推广团队

为推广和宣传水培种植，让生活在城市的学生了解并推广水培种植技术，学校将招聘开心菜园水培大蒜种植技术推广团队。同学们，让我们一起来参与，推广水培种植技术吧！

> 应聘水培大蒜技术推广团队成员的要求：
> 1.了解水培技术。
> 2.制作一份"'蒜'里有识"图鉴。
> 3.写一份"独树一'蒜'"项目计划书。
> 4.画一幅"你说了'蒜'"水培大蒜生长图。
> 5.填一份"胜'蒜'在握"水培大蒜推广记录反馈表。

（三）项目设计

1."独树一'蒜'"项目计划书

"独树一'蒜'"项目计划书

项目主题	
项目目标	

续 表

组长		小组名称	
小组成员			
活动时间			
活动过程		操作	分工安排
	1		
	2		
	3		
	4		
	5		
成果展示方式（在对应"□"内打"√"）	□小报　□幻灯片（PPT）　□技术展示 □小论文、调查报告　□其他		

2. 水培大蒜种植方法

为了更好地完成水培大蒜种植，我们需要和小组成员探讨以下问题。

水培大蒜种植方法

选种	
容器	
栽种	
管理	

续 表

生长习性	
……	

3. 独树一"蒜",我们来实践

根据项目计划书和探讨的水培大蒜种植方法,我们一起和小组成员来利用课余时间进行水培大蒜种植活动。记得用文字和图片将种植过程记录下来哦!

任务3：你说了"蒜"

（一）交流分享

和你的小伙伴们交流并分享你们小组水培大蒜的过程，并对水培大蒜种植中出现的问题进行修改完善。

"你说了'蒜'"水培大蒜种植

小组成员	
填写时间	
最大的收获	
遇到的问题	
群策群力想办法	

（二）水培大蒜生长图

为了推广和宣传水培大蒜种植技术，让我们一起来手绘一幅水培大蒜种植生长图吧！

1. 用文字和图片的形式制作图鉴。

2. 尺寸：A4纸大小。

3. 画面布局合理，介绍清晰明了，图文并茂。

4. 生长时间：第1天，第4天，第7天，第10天，第15天。

5. 记录大蒜的外形、颜色、高度。

任务4：胜"蒜"在握

（一）胜"蒜"在握——水培大蒜种植推广活动

为了体现大家已经掌握了水培大蒜种植技术，我们要在学校举办一场胜"蒜"在握——水培大蒜种植推广活动。我们一起来挑战，把水培大蒜种植技术传授给身边的同学吧！

胜"蒜"在握——水培大蒜种植推广活动计划表

小组名称		
小组成员		
推广班级		
成员分工	成员	推广的任务

续 表

成员分工	成员	推广的任务
推广方式		

（二）胜"蒜"在握——水培大蒜种植推广记录表

在这次校园胜"蒜"在握——水培大蒜种植推广活动中，大家一定收获颇丰，赶紧将活动中的收获记录下来吧！

推广班级：_____

水培大蒜种植推广成员的反馈：_____

_____

_____

_____

小组名称：
小组成员：

剪影

推广日期：_____

水培大蒜种植推广的感悟：
_____
_____
_____
_____
_____

剪影

（三）胜"蒜"在握——水培大蒜种植推广活动评价

你在参加胜"蒜"在握——水培大蒜推广活动中表现如何？让我们为自己的表现进行评价吧！请根据实际情况打1~5颗星。

胜"蒜"在握——水培大蒜种植推广活动评价表

评价主体	参与的积极性	完成任务情况	分享交流情况
自我评价			
教师评价			

续表

评价主体	参与的积极性	完成任务情况	分享交流情况
同学评价			
推广班级评价			

任务5："蒜"你最棒

同学们，"蒜蒜"成长记项目式学习系列课程活动结束啦！我们一起来评一评大家在活动中的合作能力、探究能力、创新能力吧！看看大家是否达到了五星标准！请根据实际情况打1~5颗星。

"蒜"你最棒评价表

小组		评价标准	自评	互评	师评
"蒜"里有识	合作	能主动参与讨论，承担任务			
	探究	能在探究的过程中解决问题			
	创新	能在合作探究的过程中提出有创意的想法			
独树一"蒜"	合作	能主动参与水培大蒜种植			
	探究	能在探究水培大蒜种植中解决问题			
	创新	能在水培大蒜种植的过程中改良技术及创新			
你说了"蒜"	合作	能与同学一起绘制和记录水培大蒜种植过程			
	探究	能在探究中掌握水培种植的技巧			
	创新	在实践中，根据实际情况改善水培种植技术			
胜"蒜"在握	合作	能与同学一起推广水培大蒜种植技术			
	探究	能探究推广方式，并在推广活动中应用			
	创新	能在活动中介绍水培大蒜种植的技巧			

祝贺同学们顺利完成了"'蒜蒜'成长记"项目式学习系列课程，获得五星的同学将成为学校开心菜园水培大蒜种植技术推广团队中的一员！希望同学们能将水培种植技术推广开去，感受到劳动的快乐，劳动的价值！

"养护水培植物"项目式学习课程

佛山市顺德区乐从镇东平小学　刘思琪

一、课程目标

（一）课程内容概要

本课程属于"农业生产劳动"学习领域，主要以养护水培植物为主线构建，学生在本课程中能够体验种植植物的乐趣，参与植物生长的全部过程，解决植物生长中遇到的问题，体验收获的成就感，并能在课下利用本课程所学知识在家里种植其他的植物。

本课程教学内容分为以下五部分。

教学内容	建议课时数
认识水培	1
设计我们的水培系统	1
水培我们的植物	1
准备我们的养护故事展	1
展示我们的水培植物	1

（二）课程教学目标

1. 体验水培植物的整个过程，能分析植物生命周期不同阶段的相应特点。
2. 能根据所学知识定期对水培植物进行养护。
3. 能够记录、整理和描述水培植物从生到死的生命过程。
4. 对栽培植物、观察植物的生命周期产生兴趣。
5. 养成自觉自愿、认真负责、专心致志、有始有终的劳动习惯和品质。

二、课程内容

养护水培植物项目式学习首先提出一个挑战性问题——如何养护水培植物？在项目的第一阶段教师可以通过视频、文本等方式向学生提出"用户需求"，让学生化身小小植物学家解决问题。学生经过学习水培的概念、水培与土培的区别以及常见水培植物之后，小组讨论选出合适的水培植物。教师鼓励学生自主查阅所选植物的种植方式并提供给学生一定的资料，在课上讲解演示种植过程，解答同学们遇到的问题。学生亲自体验水培植物的过程，将过程记录下来，并形成自己与水培植物的故事，最后制作展板与他人分享交流。在最后的展示环节，每组学生将使用评分表对其他组同学的成果进行评价。

三、课程实施

（一）项目设计概要

《劳动课程标准》指出要注重劳动项目与其他课程紧密结合，要灵活运用其他课程的知识进行劳动实践，提高学生的综合素质，发挥劳动育人功能。"养护水培植物"这一农业生产项目可与科学、生物学、语文等课程中相关知识的学习有机整合，使学生获得多方面的发展。所以，本项目打破学科壁垒，融合科学、生物学和语文等课程知识，让学生在做中学，在学中做。

本项目中，学生将扮演小小农业学家，体验农业学家是如何进行工作的，了解工作的主要内容有哪些，该职业需要学习哪方面知识。

养护水培植物项目的内容分别是挑战性问题、真实性、提出解决方案和模型、产生公开的产品以及学习课件。首先，我们收集真实存在的用户需求，总结之后构建情境，以视频的方式呈现，并让学生以小小农业学家的身份接受问题；其次，我们为学生提供知识卡片和知识检索的方式，让学生自主收集、整合所需知识，思考解决方案；再次，我们带领学生根据提出的方案进行种植，采用多种方式详细记录种植过程及遇到的问题；最后，我们将学生的成果以展板的形式进行展示。

（二）项目设计实践

驱动问题	分解的探究（子）问题	主要任务	输出成果
我们如何养护水培植物？	1.什么是水培？哪些植物适合水培？	了解水培的含义及常见的水培植物	气泡图、维恩图
	2.水培系统如何设计？	确定水培所需要的材料，设计水培系统	水培系统设计图
	3.如何种植水培植物？如何记录种植过程？	种植水培植物，学习记录方法	每组种植1~2种水培植物
	4.如何养护水培植物？如何构思养护过程中的故事？	解决水培植物中遇到的问题，学习故事构思方法	我们在养护过程中的故事
	5.如何展示我们的成果？如何教会新手种植水培植物？	布置展板，各组循环介绍实践经验	养护水培植物展板

四、评价维度及成果形式

（一）学生组间评价

"养护水培植物"小组评价表

第_____组　　组员学号：_____　　日期：_____

评价维度	评价标准	分数（1~3）	我的建议/我从中学到了
植物形态	植物叶片颜色鲜绿，形态健康，没有明显的黄叶或凋落现象		
根系发育	根系呈白色或浅色，生长茂盛，没有腐烂、枯死或过度生长的部分		
养分供应	定期更换新的养分溶液，避免溶液中养分过多或过少		
水质管理	定期清洁水培容器，水质清澈透明，没有浑浊或异味		
环境条件	提供适宜的光照、温度和湿度。避免植物暴露在极端的温度或湿度环境下		
病虫害管理	植物没有明显的病害或虫害症状，如叶片枯黄、凋落、斑点等		
维护和记录	以多种方式记录植物生长情况，包括生长速度、叶片展开情况、根系状态等，并及时记录养护操作过程和观察结果		

（二）学生组内评价

我们要赞美的人：_____

我要赞美TA：

小组成员签名：

五、"养护水培植物"项目式学习手册

这一章我将邀请你们参加一个有趣且实用的活动——水培种植。水培在植物种植方面有巨大优势,我希望与你们分享这种创新的种植方法。在这个活动中,我们将一起探索水培的奇妙世界,发现它所带来的巨大潜力。我们将学习如何建立一个高效的水培系统,并亲自水培一种植物。准备好了吗?让我们一起开始吧!

任务1:认识水培

(一)什么是水培

水培是一种种植植物的方法,它与传统的土壤种植不同。在水培中,植物的根部不是生长在土壤中,而是生长在水中。水培的原理是将植物所需的养分溶解在水中,然后植物通过根部吸收这些养分。这意味着植物不再需要土壤中的养分来生长,而是直接从水中获取所需的养分。

1. 请跟同学讨论水培和土培的相同点和不同点,使用维恩图将它们列出来。(维恩图可以帮助我们对比两种有关联又有差异的事物)

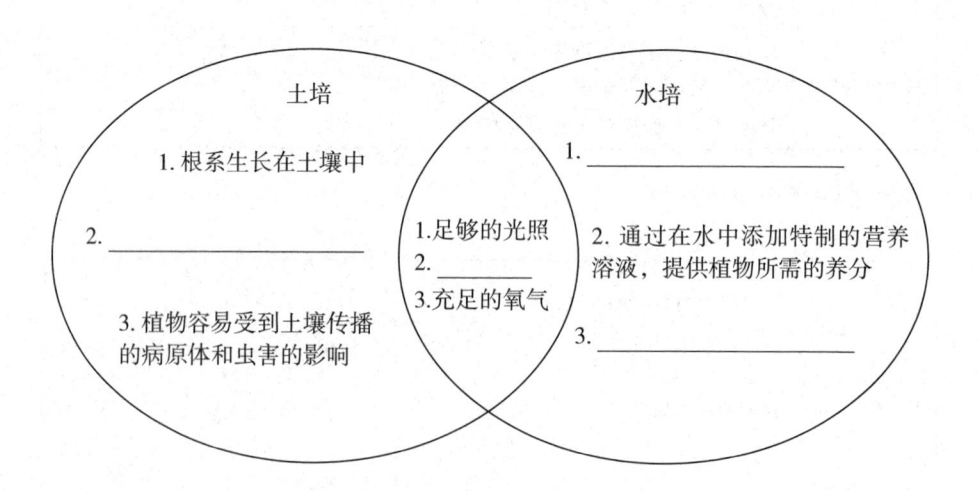

土培
1. 根系生长在土壤中
2. _____
3. 植物容易受到土壤传播的病原体和虫害的影响

(交集)
1. 足够的光照
2. _____
3. 充足的氧气

水培
1. _____
2. 通过在水中添加特制的营养溶液,提供植物所需的养分
3. _____

2. 查阅水培资料,和同学们讨论水培的优点并使用气泡图总结。(气泡图可以帮助我们描述事物的性质和特征)

— 118 —

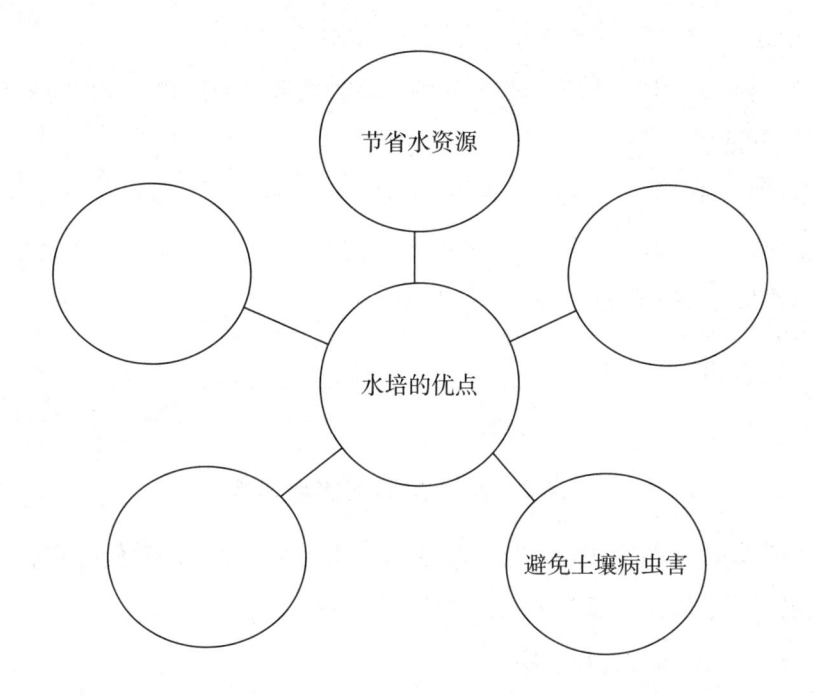

```
        节省水资源
   ○             ○
        水培的优点
   ○             ○
        避免土壤病虫害
```

（二）适合水培的植物

尽管水培是一种创新的种植方法，但它并不适用于所有的植物。有些植物更适合在土壤中生长，而有些植物则适合在水中生长。因此，在进行水培之前，我们需要了解植物的需求，并确保采取适当的措施来满足植物的这些需求。下面是几种可以水培的植物，我们一起来看看吧。

| 生菜 | 香葱 | 花生 |

1. 相信你对水培技术和可以水培的植物已经有了一定的了解，我们将在接下来的学习中逐步掌握知识，使我们能够顺利水培一种植物。请和同

学讨论选择哪种植物进行水培，并写一写选择它的理由。

2. 请和小组成员讨论，想要顺利水培我们选择的植物，我们需要掌握哪些知识呢？

水培知识清单

1.我们想知道水培花生除了水还需要用到什么。
2.我们想知道水培生菜有哪些步骤。
3.我们想知道_____。

任务2：设计我们的水培系统

我们将以小组为单位水培一种植物，并在课程结束的时候将我们的植物展出。同学们，一起来学习水培需要哪些材料吧！

（一）水培植物生长条件

水培植物的生长需要满足很多条件，我们要先掌握这些条件，然后使用一些材料为它们创造一个良好的生长环境。

1. 请同学们小组讨论，水培植物顺利生长需要满足哪些条件呢？

2. 请同学们查阅水培植物相关资料，完善下面的括号图。

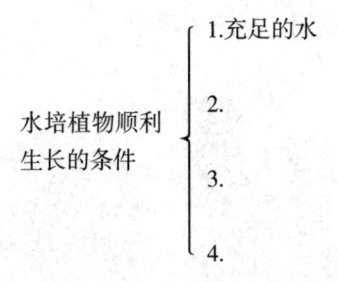

水培植物顺利生长的条件
1.充足的水
2.
3.
4.

（二）设计我们的水培系统

我们已经知道要为水培植物提供哪些条件它们才能顺利长大，现在我们要为水培的植物设计一个"居住"环境。我为你们提供了水培系统所需的材料，请你们化身小小设计师，和你的小伙伴们一起讨论并设计一个能满足上述条件的水培系统。

1.水培系统所需的材料参考（以水培花生为例）

（1）水培容器：透明的容器，如塑料盆、玻璃容器或专用的水培槽。容器的大小应根据种植的植物数量和根系大小来选择。

（2）水培介质：用于支撑植物根系并保持植物稳定的材料。常用的水培介质包括水培粘球（如泥炭球、藻球）、岩棉、蓬松的纤维素材料等。选择介质时要确保其透气性和保水性。

（3）种子：选择颗粒饱满的花生种子8~10颗。

（4）养分溶液：提供植物所需的营养元素的溶液。可以购买专用的水培养分溶液，包括主要元素（氮、磷、钾）和微量元素（铁、锌等），可以根据植物的生长阶段进行滴加。

（5）清水：作为水培系统中的基本介质，供植物吸收水分和养分。

（6）光源：提供植物所需的光照。对于水培花生，阳光是理想的光源，但要避免暴晒，在室内环境下，可以使用人工光源，如荧光灯或LED灯。

（7）温度调节设备：保持适宜的生长温度。水培花生通常在较温暖的环境中生长，温度范围为15~25℃。

2.绘制水培系统图

请将你们设计的水培系统画下来。

我们组的水培系统图

3. 修改水培系统图

请将你们组设计的水培系统分享给其他组，看看有没有哪些部分可以做得更好。请将你们的新想法直接在图上进行修改。

```
我们组的水培系统图
```

请大家按照你们的设计图准备材料，下节课我们就要正式进行水培植物种植啦！

任务3：水培我们的植物

上节课我们已经根据植物生长所需的条件设计了我们的水培系统图，并准备好了所需的材料，现在让我们开始种植吧！在种植之前，我们需要了解水培植物的步骤。本节课将以水培花生为例进行学习，你也可以将花生换成其他植物的种子进行水培。

（一）水培植物的步骤

1. 选择8~10颗颗粒饱满的新鲜花生，保证出芽率。

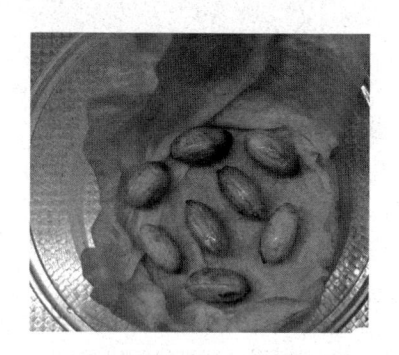

2. 用打湿的纸巾将花生种子包起来。

3. 选择一个合适的透明容器，将花生种子放进去。

4. 定期打开纸巾检查花生种子是否生根，生根后进行水培。

5. 根据花生种子的生长情况调整水培容器。

6. 定期更换水，保证水位的高度和水质。

（二）水培植物的注意事项

刚刚我们列举了水培植物的6个步骤，为什么要设计这6个步骤呢？每个步骤实施时应该注意什么呢？

请你们用流程图更加清晰直观地将6个步骤表示出来，并和组内的小伙

伴讨论这6个步骤的注意事项，将它们写在旁边。（流程图可以帮助我们按一定顺序分析事物的发展）

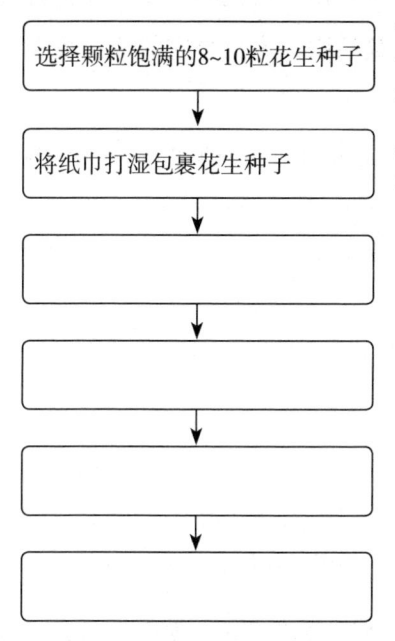

选择颗粒饱满的8~10粒花生种子	饱满的种子含有丰富的营养物质，可以确保种子在开始生长时有足够的能量储备。选择8~10颗种子保证出芽率。
将纸巾打湿包裹花生种子	提供一个湿润的环境，有利于种子的存活和发芽。

（三）水培植物养护

在做好上述需要注意的事项后，在我们养护水培植物的过程中还可能遇到哪些问题呢？

请各小组讨论，水培过程中可能遇到的问题和你有疑问的地方，将你们组的问题写在便利贴上，并贴在问题墙上，各组进行交流和讨论。

问题墙

学生问题
同学回应
教师支持

（四）科学观察与记录

我们现在开始养护我们的水培植物，我们要从种子阶段照顾这个"小家伙"，让它一点一点长大。各位小照顾者们，我们不仅要陪伴它长大，还要把它成长的一点一滴都记录下来，最后跟大家分享它的成长故事。接下来一起学习观察和记录方法吧！

1. 观察是记录的基础。我们有哪些观察植物的方法呢？请你写一写。

我们的观察方法

我们可以使用以下方法进行观察：

1.

2.

3.

我们可以通过感官和工具对"小家伙"进行观察，观察之后要记录下来。我们可以用成果日志的形式记录，通过绘画和文字将水培植物的生长过程记录下来，比较水培植物每周的变化，快来试试吧！

2. 以小组为单位，使用成果日志记录我们养护的水培植物。

__月__日 学号：___	__月__日 学号：___	__月__日 学号：___	__月__日 学号：___

通过成果日志，我们可以清晰地看出水培植物每天的生长情况，通过绘画和文字记录，我们可以更加仔细地观察植物的变化。我们还可以每天给植物拍摄照片，在水培植物生根后可以记录芽的长度变化，记录水培植物长高的数据，根据数据绘制生长曲线。

任务4：准备我们的养护故事展

经过一周的养护，我们的水培植物慢慢地长大了，我们在照顾植物的过程中也解决了不少问题，大家也进行了丰富的记录。本节课将带领大家构思"我的养护故事"，向大家介绍养护过程和成果。

（一）使用RAFT的方式构思"我的养护故事"

RAFT是role（角色）、audience（受众）、format（格式）和topic（主题）四个英文单词首字母的组合，学生使用该方法构思文章需要先通过想象设定自己为"某一"角色，再调动自己的生活经验和所学知识，选择合适的写作方式，向某一特定的读者对象富有条理地组织、阐释和表达自己的观点。请你使用RAFT的方式构思你的养护故事。

RAFT写作

角色	作为写作者，此刻你是什么人？ 例如：你是一名农业学家
受众	你现在的作品是写给谁的？ 例如：写给想学习水培种植的三年级学生
格式	你采用怎样的文章体裁来写？ 例如：一封信、一篇新闻报道、一份说明书
主题	你写作的主题和所用的关键词分别是什么？ 例如：主题是养护水培植物，关键词是换水、提供营养液等

我的养护故事

养护人：

（二）设计制作项目展板

下一节课我们要参加"我们的水培植物"展，各组要设计一块展板将本组水培植物的过程和成果展示出来。下面是展板所需要的内容，请以小组为单位完善展板内容并进行外观设计。

| 我们遇到的问题：

我们的解决办法： | 我们的水培植物：
我们的养护过程：

我们的故事： | 我们的成果：

我们的收获： |

在"我们遇到的问题"和"我们的解决办法"部分，大家可以将问题墙上的问题和其他人给的解决方案写上来并评价是否有效。

下节课我们就要参展啦，请大家合理安排时间布置我们的展板！对了，一定要将你们组的水培植物带到现场哦！

任务5：展示我们的水培植物

（一）画廊漫步

给每个小组分发便利贴，将意见和心得写在便利贴上，并贴在所参观小组的展板上。给每个小组分发评价表，对被参观的小组进行评价。

"养护水培植物"小组评价表

第_____组　　组员学号：_____　　日期：_____

评价维度	评价标准	分数（1~3）	我的建议/我从中学到了
植物形态	植物叶片颜色鲜绿，形态健康，没有明显的黄叶或凋落现象		
根系发育	根系呈白色或浅色，生长茂盛，没有腐烂、枯死或过度生长的部分		
养分供应	定期更换新的养分溶液，避免溶液中养分过多或过少		
水质管理	定期清洁水培容器，水质清澈透明，没有浑浊或异味		
环境条件	提供适宜的光照、温度和湿度。避免植物暴露在极端的温度或湿度环境下		
病虫害管理	植物没有明显的病害或虫害症状，如叶片枯黄、凋落、斑点等		
维护和记录	以多种方式记录植物生长情况，包括生长速度、叶片展开情况、根系状态等，及时记录养护操作过程和观察结果		

（二）赞美卡片

我们水培的植物能够顺利长大离不开组内每一个人的照顾，请在卡片上写上自己的名字，然后以小组为单位，将自己手中的卡片顺时针传给同伴。在填写赞美卡片时要对同伴的具体行为进行赞美。比如"你在列举花生种子长霉可能的原因的时候，考虑得很全面"。

我们要赞美的人：_____

我要赞美TA：

小组成员签名：

（三）定格之美

相信你已经迫不及待地想给自己的水培植物留下最美的瞬间了。利用手机拍照或画画的方式，把自己的水培植物的最美样子留下来吧。

植物名称	（照片/图画）
种植方式	
种植时间	
记录时间	
……	

恭喜你完成了本课程的学习，相信你已经成为一名合格的小小农业学家了，请在接下来的生活中继续水培更多的植物吧！

"害虫防治"项目式学习课程

浙江大学硕士研究生 史悦

一、课程目标

(一)课程内容概要

害虫防治在我国的农业生产和生态环境保护中占据着举足轻重的地位,是现代环保和农业科技无法回避的重要课题。作为人与自然共存关系中的一项关键实践活动,害虫防治不仅涉及科学的知识和技能,还涉及人类对自然的态度和行为。随着基础教育课程改革的不断推进,教育界越来越注重培养学生的创新精神和实践能力,而项目式学习为学生提供了一个理想的实践平台。

为了让学生更好地理解和参与害虫防治,增强他们的环保意识和生态责任感,本课程从认识害虫出发,了解害虫的习性、特点和对人们生活造成的危害。随着对害虫防治方法学习的逐渐深入,学生将逐步构建起一个完整的害虫防治方案,并依据方案设计一个害虫防治装置,在亲身实践中测试其有效性。这将是一个全面的学习体验,使学生能够从多个角度理解和参与害虫防治工作,同时让他们意识到害虫防治对社会和环境有着哪些方面的影响。

本项目式学习课程旨在培养学生的自主学习能力、团队合作精神以及面对挑战时的坚韧和创新品质。它不仅可以让学生学到关于害虫防治的知识和技能,更重要的是,它还可以激发学生对科学探索的热情和对自然环境的责任感，帮助学生朝着成为更负责任、更有见识的社会公民迈出重要一步。

（二）课程学习目标

1. 树立正确的劳动观念。学习害虫防治的基本知识和技能，包括识别常见害虫、选择合适的防治方法和实施防治措施。

2. 提高劳动能力。培养劳动过程中的研究与反思能力，通过实践活动，学会如何规划和设计一个防治装置，并对装置进行反思、改进与实际效果检验。

3. 养成良好的劳动习惯和品质。在劳动过程中养成良好的劳动习惯，如细心观察、耐心记录、严谨分析和勤奋实践，以提高工作效率和质量。

4. 弘扬劳动精神。激发学生对农业科技和环境保护领域的兴趣，促进学生对生物多样性保护的认识，增强学生保护环境、维护生态平衡的责任感和使命感。

二、课程内容

本项目主要内容如下。

教学内容	建议课时数
认识害虫	1
观察害虫	1
害虫防治方法	1
制作一个害虫防治装置	2
小组展示与评价	1

三、课程实施

（一）项目设计概要

本项目式学习课程让学生在识别常见害虫、了解害虫的常见防治方法的基础上，探索如何设计一个简易害虫防治装置。学生将通过团队合作，设计并制作简易防治装置，实施综合防治计划。本项目设计概要主要包括如下内容。

项目名称	害虫防治	课时	6
学科	劳动、科学、技术	年级	三、四年级
项目简述	本项目式学习课程的主题为害虫防治，旨在培养学生的自主学习、团队协作和创新解决问题的能力。学生将深入了解害虫的特性及危害，设计害虫防治方案和装置并进行实践，从而提升环保意识和生态责任感，成为负责任的社会公民		
驱动问题	如何防治生活中的害虫？		
子问题设计	1.什么是害虫？ 2.害虫有什么特点？ 3.害虫对我们的生活有什么危害？ 4.有什么害虫的防治方法？ 5.如何设计并制作一个简易防治装置？ 6.如何检测防治装置的有效性？		
项目成果	1.害虫资料卡。 2.害虫观察记录表。 3.害虫防治宣传海报。 4.害虫防治设计书及实体装置		

（二）项目设计实践

基于驱动问题"如何防治生活中的害虫？"进行项目式学习设计，从学习任务、学习目标、学习活动和学习资源四个方面，回应基于学情分析时所提出的系列问题。

课时数	学习任务	学习目标	学习活动	学习资源
1	什么是害虫？	1.理解害虫的定义。 2.识别常见的害虫种类	学生自主分享对害虫的理解，制作害虫资料卡，并通过一个小游戏理解害虫的分类	害虫资料卡

续表

课时数	学习任务	学习目标	学习活动	学习资源
1	害虫有什么特点？	1.理解害虫的生活习性。 2.从观察中得出害虫的特点	想象害虫栖息地并绘图后，实地观察研究害虫的特点和生活习性	绘画害虫栖息地； 观察记录表
1	有什么防治的害虫方法？	1.了解害虫给人类生活带来的影响。 2.掌握常见害虫的防治方法	通过访谈了解生活中害虫带来的危害，学习害虫的常用防治方法，并制作害虫防治宣传海报	采访提纲； 海报设计
2	如何设计并制作一个简易防治装置？	1.在项目中学会设计简单的害虫防治装置。 2.掌握简易防治装置制作方法	1.完成防治装置的设计图并依据他人反馈进行改进。 2.对其他小组的设计依据量规进行评价。 3.完成简易装置制作。 4.测试装置的效果，并进行自我评估	设计方案框架； 评估指标表格
1	怎么评价各小组的防治装置和实施效果？	1.懂得使用量规进行评价与反思。 2.客观分析他人设计并进行评价	1.小组展示并介绍自己的防治装置以及实施效果。 2.学生对其他小组的装置进行评价打分	评估指标表格

四、评价维度及成果形式

（一）项目评价

1.过程性评价

此项目评价表侧重于评估学生在"害虫防治"项目中的综合表现，包括相关知识的掌握、创新思维的应用、实践技能的发展以及负责任的态度。每个评价维度下的描述旨在指导评价者全面、客观地评估学生在项目中的学习成果和能力提升。

评价维度	分类识别	开拓创新	动手实践
劳动观念	学生能够准确识别并对不同的害虫分类，了解它们的基本特征和生活习性	学生理解害虫防治的基本原理，理解多种防治方法	学生能够运用所学知识选择合适的材料和工具制作防治装置
劳动能力	学生展现出通过观察和分析来区分害虫种类的能力，能够基于其特征进行有效分类	学生能够批判性地评估不同防治方法的优缺点，并提出改进意见	学生在制作过程中展现出科学的思考过程，能够根据实验结果调整设计方案
劳动习惯和品质	学生在实地考察和收集样本的活动中表现出积极的探究精神，能够独立完成害虫的收集和分类	学生在设计和制作防治装置的过程中展现出创造力和解决问题的能力，能够设计具有创新性的方案	学生能够独立完成防治装置的设计、制作和测试，展现出较强的动手能力和实践技能
劳动精神	学生表现出对生物多样性和生态平衡的尊重，认识到害虫防治的重要性	学生展现出探索新方法和技术的热情，以及持续改进和优化防治方案的责任感	学生在实践活动中展现出积极主动的态度，对团队成员负责，能够与团队成员共同解决遇到的问题

2. 总结性评价

此项目评价表侧重于评估学生在"制作害虫防治装置"项目中的方案设计。本表也适用于对学生制作完成的装置进行进一步评价。

面向评估的小组为_____，他们针对的害虫是_____		
评价维度	评价依据	你的评分
创意性	设计是否独特、新颖。1分为非常常见的设计，5分为非常独特且创新的设计	
可行性	设计是否能够制作出来，是否能有效防治害虫，使用是否方便。1分为不可行，5分为非常可行	
安全性	设计是否对人、动物和环境安全。1分为非常危险，5分为非常安全	
设计的呈现	设计方案的呈现方式是否清晰、易懂。1分为难以理解，5分为非常清晰易懂	

续表

面向评估的小组为_____，他们针对的害虫是_____		
评价维度	评价依据	你的评分
（根据需要自行添加其他评价维度）		
他们还可以改进的地方是：		

（二）项目式学习的成果评价

个人成果评价强调评估学生对害虫防治知识的理解和应用能力，而团队成果评价则侧重于评估学生合作解决问题的能力以及实践操作的成果。通过这样的评价，可以全面地反映学生在项目式学习中的表现和进步，同时促进学生的自我反思，培养团队合作精神。

成果类型	成果清单	评价维度
个人成果	1.害虫资料卡。 2.害虫防治宣传海报	害虫资料卡：评价信息的完整性、准确性和创意性。 害虫防治宣传海报：评价内容的准确性、创意性和呈现的清晰度
团队成果	1.防治装置设计方案。 2.防治装置及其效果测试报告	防治装置设计方案：根据设计的创新性、可行性、安全性和设计呈现性等维度进行评价。 防治装置及其效果测试报告：根据装置制作的完成度、实际效果以及测试成果等维度进行评价

五、"害虫防治"项目式学习手册

任务1：认识害虫

（一）初识害虫

害虫就是在自然界中，特别是在我们的家园、学校和公园里，对人类的生活、健康或我们种植的植物造成伤害的昆虫。想象一下，如果你的美味零食被小蚂蚁占领了，或者美丽的花朵被小虫子吃掉了，那些造成麻烦的小生物，就可以被称为害虫！

请将生物名称的编号填在对应的图片下方的横线上。

①蚂蚁　　②蚊子　　③老鼠　　④蜘蛛　　⑤毛毛虫

⑥蝗虫　　⑦螨虫　　⑧苍蝇　　⑨螳螂　　⑩跳蚤

_____　　_____　　_____　　_____　　_____

_____　　_____　　_____　　_____　　_____

在上面的所有生物中，我认为是害虫的有（填编号）_____，原因是_____

_____。

我认为不是害虫的有（填编号）_____，原因是_____

_____。

除了上面的生物，我还知道_____

_____是害虫。

（二）制作害虫资料卡

学习害虫的特性，选择一种害虫，制作害虫资料卡。

害虫资料卡

害虫名称	
害虫外观 （可以用图 画+注释的 方式呈现）	
食物	
行动方式	
其他	

（三）猜猜我在想什么

在这个活动中，大家将通过心灵感应来猜测对方心中所想的害虫。

游戏规则：一位玩家选定一种害虫，并将其名称写在纸上（害虫的选择不必局限于之前讨论的那些）。另一位玩家则通过提问来逐步确认是哪种害虫。被问的人只能以"是""否"或"不清楚"来回答。看看谁能用最少的问题猜出答案。

例如，猜测者问："你想的害虫会飞吗？"如果答案是"是"，那么猜测者可能会继续询问："它是生活在家里的害虫吗？"通过这种方式，可以逐步缩小猜测的范围直至猜出害虫的名称。

思考：

（1）怎样才能又快又准地猜到是什么害虫？

（2）可以依据这种方法对害虫进行分类吗？

（四）小结

在本单元的学习中，我们将通过自我问答的方式反思自己的学习，请填好以下表格，并和同伴交流你的想法。

本小节的回顾可以从以下两个问题出发：

（1）什么是害虫？

（2）害虫可以怎么分类？

当然，如果你还有别的感受，也可以填入表格中。

起初我以为……	但后来我发现……	所以现在我认为……

任务2：观察害虫

（一）害虫小侦探

害虫可能隐藏在我们平时不注意的角落，如潮湿的地方可能藏有蚂蚁，暗处可能是蟑螂的家。仔细观察以下图片，找出这些小小的生物。

思考：害虫都是可以看见的吗？

（二）创意绘画

想象你是一只害虫，你会选择什么样的地方作为家呢？是花园中的小洞，还是厨房的某个角落？用你丰富的想象力画出害虫的家，然后告诉大家为什么你会选择那里。

（三）观察害虫

在老师和家长的陪同下，我们将去到不同的地方寻找害虫。它可能在你的家里、教室中，或是小花园、草坪里。当你找到害虫时，请你仔细观察它的行为和特征，然后记录下你的发现。

小提示：可以去你认为的害虫之家找找哦！说不定会看见画中的场景。

我的观察记录表

我观察到的害虫有哪些？	
选择一个害虫，它的名称是什么？	
它正在干什么？	
它喜欢吃什么？	
我还发现它的其他特征	

讨论：

（1）统计大家观察到的害虫，哪种是生活中最为常见的害虫？

（2）综合大家的观察记录，这个害虫具有什么样的特点？

（四）小结

本小节的回顾可以从以下两个问题出发：

1. 害虫平时都会在哪儿出现？

2. 它们为什么喜欢待在那个地方？

如果你还有别的感受，也可以填入表格中。

起初我以为……	但后来我发现……	所以现在我认为……

任务3：害虫防治方法

（一）害虫小采访

在上课前，采访你的家人或邻居，了解害虫给我们的生活带来了哪些困扰和影响。

采访内容

问题一：您认为害虫给我们的生活造成了哪些困扰？
答：
问题二：在您的经验中，哪种害虫对您的日常生活影响最大，能否分享一些具体的例子？
答：
问题三：您或您的家人曾经采取过哪些措施来防治害虫？这些措施的效果如何？
答：
我还想问：
答：

（二）认识几种常见的害虫防治方法

了解常见的害虫防治方法，和小伙伴一起完成下表。

防治类型	针对害虫示例	防治方法	方法说明
环境管理	红蜘蛛	清洁环境	
植物抗性	白粉虱	种植抗性品种	
生物防治	蚜虫、白蝴蝶幼虫	释放天敌	
化学防治	果蝇、飞蛾	使用杀虫剂	
物理防治	蝗虫、蟑螂	放置诱捕装置	
（其他）			

（三）害虫防治宣传

明白了害虫防治的意义后，请你们制作一个针对某种害虫的防治宣传海报，向他人介绍害虫及其防治方法等，并鼓励社区或学校成员一起参与害虫防治，共同保护我们的生存环境。

（四）小结

在本单元的学习中，我们将通过自我问答的方式反思自己的学习，回顾本小节的学习，填好以下表格，并和同伴交流你的想法。

本小节的回顾可以从以下两个问题出发：

1.防治害虫意味着要把害虫赶尽杀绝吗？

2.防治害虫有哪些方法？

如果你还有别的感受，也可以填入表格中。

起初我以为……	但后来我发现……	所以现在我认为……

任务4：制作害虫防治装置

（一）设计方案

针对某种生活中常见的害虫，进行害虫防治装置的设计。

害虫防治装置设计

害虫名称	
害虫特性	
小组人员分工	
所需材料	
制作方案	
预期效果	

（二）中期汇报

各小组展示自己的设计方案，其他小组依据评价标准对该小组的设计进行打分，并对设计中不合理的地方进行修改完善。评价维度和依据如下。

面向评估的小组为_____，他们针对的害虫是_____		
评价维度	评价依据	你的评分
创意性	设计是否独特、新颖。1分为非常常见的设计，5分为非常独特且创新的设计。	
可行性	设计是否能有效防治害虫，使用是否方便。1分为不可行，5分为非常可行。	
安全性	设计是否对人、动物和环境安全。1分为非常危险，5分为非常安全。	
设计的呈现	设计方案的呈现方式是否清晰、易懂。1分为难以理解，5分为非常清晰易懂。	
（根据需要自行添加其他评价维度）		
他们还可以改进的地方是：		

（三）制作装置

1. 收集同学们的改进建议对设计方案进行改进。

2. 准备需要的材料，开始制作装置吧。

（四）装置投放测试

装置是否可行还需要进一步测试与检验，请各小组进行装置投放测试，并完成记录表。

害虫防治装置测试记录表

装置名称		目标害虫	
投放地点		初次投放时间	
小组分工		投放方式	
观察时间（月/日/时）	装置运行情况（是否抓捕害虫/是否驱赶害虫/其他起作用方式）		
评价与反思：			

结合上表和你们制作的装置，与同学们交流分享你们的装置制作结果以及实际效果，大家一起评选出最佳设计小组。

（五）小结

我们将通过自我问答的方式反思自己的学习，回顾本小节的学习，填好以下表格，并和同伴交流你的想法。

本小节的回顾可以从以下两个问题出发：

1. 如何设计一个有效的害虫防治装置？

2. 如何对装置进行改进？如果你还有别的感受，也可以填入表格中。

起初我以为……	但后来我发现……	所以现在我认为……

任务5：小组展示与评价

（一）参观装置展览廊

结合新的评价表，各个小组互相参观与评价其他小组的装置，了解装置投放测试效果，对被参观小组进行评价。评价维度和依据如下。

面向评估的小组为_____，他们针对的害虫是_____		
评价维度	评价依据	你的评分
创意性	装置设计是否独特、新颖。1分为非常常见的设计，5分为非常独特且创新的设计	
可行性	装置是否能有效防治害虫，使用是否方便。1分为不可行，5分为非常可行	
安全性	设计是否对人、动物和环境安全。1分为非常危险，5分为非常安全	
小组合作	制作过程中该小组分工是否合理，小组合作是否默契。1分为欠缺合作，5分为小组配合优异	
（根据需要自行添加其他评价维度）		
他们还可以改进的地方是：		

（二）票选最佳害虫防治装置

为你心中最佳的害虫防治装置进行投票吧！

（三）回顾与反思

在整个项目的学习过程中，你的表现如何？让我们一起进行评价吧。

评价主体	装置设计	装置制作与投放	交流分享
自我评价			
同学评价			
教师评价			

第三节　收获类劳动课程案例

"手打柠檬茶"项目式学习课程

珠海市香洲区南湾小学　曾晓华

一、课程目标

（一）课程内容概要

手打柠檬茶是基于劳动课程中"烹饪与营养"任务群内容进行创设的项目式学习活动。通过项目式学习，学生能够亲身参与研究、设计和实践操作，最终解决问题并展示项目成果，这对学生创造思维、设计思维、经济思维、动手制作等能力的培养有着重要的意义。

（二）课程教学目标

1. 树立正确的劳动观念。能够根据需要设计调查问题，通过调查搜集信息，利用数学统计分析技能处理数据，根据结论确定制作手打柠檬茶的材料；知道长期摄入高糖食物的危害，树立健康饮食的生活观念。

2. 提高劳动能力。通过多次调配手打柠檬茶，学会计算、称量，并在手打柠檬茶新品尝鲜会上利用数学知识完成售卖活动；完成文字和口头宣传文稿的撰写；通过绘画以及不同材料设计制作茶饮包装和宣传海报；在手打柠檬茶新品尝鲜会上通过表达和交流吸引更多的"顾客"进行品鉴，能够及时收集新品的品鉴反馈。

3. 养成良好的劳动习惯和品质。养成审美能力、创意物化能力及艺术表达能力；在多次反复更改配方、动手制作茶饮品的过程中增强合作意识，提升解决问题和动手实操的能力。

4. 弘扬劳动精神。在经历手打柠檬茶设计制作的过程中，培养不断探索创新的劳动精神，明白劳动的意义，知道劳动是一种创造价值的行为，是实现个人价值和社会价值的重要途径。

二、课程内容

很多学生都很熟悉手打柠檬茶，并且对现在市面上茶饮的饮用和制作有着莫大的兴趣。本课程将贴近学生的生活实际，带领学生在夏日探索当前热门手作饮品"手打柠檬茶"。通过本课程的学习，学生经历了调查手打柠檬茶，计算糖量，亲手制作手打柠檬茶，给手打柠檬茶设计外包装和宣传海报，开展新品交流会，改进产品等，逐渐增强健康饮食意识。

本课程分五部分进行，具体内容如下。

教学内容	建议课时数
手打柠檬茶是什么？大家喜欢什么样的手打柠檬茶？	1
了解手打柠檬茶的制作原料、步骤和要点	1
怎样的包装设计和宣传海报更吸引"消费者"？	2
"手打柠檬茶新品尝鲜会"（产品设计制作等综合评价）	2

三、课程实践

（一）项目设计概要

本项目通过创设具有现实意义的问题情境，设计多样化的活动，帮助学生在自主、合作、探究中突破重难点，进而更好地提升学生的综合素养。本项目设计概要主要包括如下内容。

项目名称	手打柠檬茶	课时	7
学科	劳动	年级	五年级
项目简述	本项目以"怎样开发出一款小学生喜爱的手打柠檬茶"为驱动问题，涉及劳动等相关学科核心知识，让学生通过调查、制作和分享交流等活动了解奶茶经济，增强学生的健康饮食意识		
驱动问题	假如你是奶茶店经理，怎样开发出一款小学生喜爱的手打柠檬茶？		
子问题设计	1.小学生喜欢什么样的手打柠檬茶？ 2.怎样做一杯健康又好喝的手打柠檬茶？制作过程中需要注意哪些问题？ 3.怎样的包装设计和宣传海报更吸引"消费者"？ 4.如何在新品尝鲜会上有效宣传产品？ 5.如何进行资料收集整理和组内评议？		
项目成果	1.小学生手打柠檬茶喜爱度报告。 2.茶饮包装和宣传海报。 3.产品介绍词。 4.产品制作流程手册。 5.手打柠檬茶新品尝鲜会意见反馈报告		

（二）项目设计实践

基于驱动问题"假如你是奶茶店经理，怎样开发出一款小学生喜爱的手打柠檬茶？"进行单元设计，从学习任务、学习目标、学习活动和学习资源四个方面，回应基于学情分析教材内容时所提出的系列问题。

课时数	学习任务	学习目标	学习活动	学习资源
1	1.了解手打柠檬茶。 2.调查了解受小学生（市场）欢迎的手打柠檬茶	明确项目目标。调查、搜集、处理信息，利用数学统计原理分析数据，确定制作柠檬茶的材料等	课堂小组分享：夏日喝过的茶饮和感受。 课堂小组讨论：如何进行调查、数据分析	1.教师提出项目主题，公布项目评价要求等。 2.教师提供问卷调查的一般流程以供学生参考（提供学习手册）

续 表

课时数	学习任务	学习目标	学习活动	学习资源
1	1.掌握手打柠檬茶的制作过程，了解制作过程中需要注意哪些问题。 2.确定各种原材料的最佳配比	通过多次计算和称量茶量、糖量等，寻找到手打柠檬茶的最佳配比。在多次反复更改配方、动手制作茶饮品的过程中，培养实践能力、合作意识，提升反思改进、解决问题和动手实操的能力	小组讨论：什么样的手打柠檬茶更健康？ 各小组进行实践制作，找到手打柠檬茶的最佳配比。 实地考察现在受小学生欢迎的茶饮包装设计，重点关注图文、色彩搭配等	教师提供手打柠檬茶制作的一般流程等（提供学习手册）
2	1.实地考察受小学生欢迎的包装设计和元素。 2.了解手打柠檬茶包装和宣传海报设计的关键，尝试设计出富有创意的作品	1.通过实地考察了解受小学生欢迎的茶饮包装等。 2.进行海报和口头宣传语设计；在手打柠檬茶新品尝鲜会上通过表达和交流吸引更多的"顾客"进行品鉴。 3.通过绘画以及用不同的材料设计制作茶饮包装和宣传海报，培养学生的审美能力、创新能力，以及艺术表达能力	1.包装和海报设计的美感（色彩搭配等）。 2.可综合运用多种材料表现宣传海报的多样性	教师讲解广告语言特点和设计要点，讲解海报设计色彩搭配和材料运用（提供学习手册）

续表

课时数	学习任务	学习目标	学习活动	学习资源
2	1.策划手打柠檬茶新品尝鲜会；思考如何在手打柠檬茶新品尝鲜会上有效分享、收集反馈意见，形成报告。 2.开展手打柠檬茶新品尝鲜会	在手打柠檬茶新品尝鲜会上利用数学知识完成售卖活动。通过手打柠檬茶新品尝鲜会交流活动展现项目成果，提高表达能力和活动策划能力	各小组集体讨论策划手打柠檬茶新品尝鲜会活动方案，综合考量作品售价、宣传方式等	教师协助记录、总结（提供学习手册）
1	整理项目资料，组内自评	学会资料搜集整理。明白劳动的意义，知道劳动创造财富的道理。组内自评、他评，促进自我超越	小组讨论：整个项目中我们小组有哪些优点和待改进问题？个人有哪些优点和待改进问题？	教师提供评价表

四、评价维度及成果形式

（一）项目评价维度

1.能够根据需要设计调查问题，通过调查搜集信息；利用数学统计分析技能处理数据。

2.运用数学知识进行买卖的能力。

3.设计手打柠檬茶包装和宣传海报过程中展现的语言文字能力、表达能力、审美能力、创意物化能力以及艺术表达能力。

4.在制作手打柠檬茶过程中展现的合作意识、解决问题的能力和动手实操的能力。

评价维度	任务1	任务2	任务3	任务4	任务5
基础知识	调查访谈	茶饮制作	艺术创作	策划宣传	场地布置
关键能力	沟通交流	品鉴改进	小组合作	任务承担	团队合作
	数据分析	配方论证	审美能力	团队配合	资料搜集
责任态度	兴趣与态度	耐心细致	大胆创新	大胆创新	合作共赢

（二）项目式学习的成果展示

成果类型	成果清单	评价方式
个人成果	1.制作茶饮包装和宣传海报。 2.产品介绍词，学生讲解	课堂观察； 学生自评； 教师评价
团队成果	1.小学生手打柠檬茶喜爱度报告。 2.产品制作流程手册。 3.手打柠檬茶新品尝鲜会意见反馈报告	手打柠檬茶新品尝鲜会； 小组互评

五、"手打柠檬茶"项目式学习手册

柠檬经过手工捶打，果皮中的汁水被充分释放出来，与茶香交织在一起，形成了一种独特而醉人的香气。

手打柠檬茶是目前奶茶店内最受欢迎的饮品，你喝过什么口味的手打柠檬茶？你最喜欢哪一种口味？你了解手打柠檬茶的制作过程吗？

任务1：初识手打柠檬茶

（一）走近柠檬茶

品尝一口手打柠檬茶，酸甜的果香伴随着清爽的口感立刻在口腔中扩散开来，既清新又醇厚的口感，让人回味无穷。

1. 你喝过什么口味的手打柠檬茶？你最喜欢哪一种口味？

2. 你了解手打柠檬茶的制作过程吗？

（二）柠檬茶的市场调查

假如你是一家奶茶店的老板，最近生意下滑，急需研发一款受小学生喜爱的手打柠檬茶来刺激消费者消费，你会怎么着手开发产品呢？请你和小组成员讨论并写下来。

1. 着手研发产品前需要进行产品调研。请你以小学为对象，调查了解受市场欢迎的手打柠檬茶种类。

调查主题	小学生手打柠檬茶喜好度调查		
组名		组长	
调查对象	（　　）年级学生		
调查目的	明确小组研发手打柠檬茶的方向		
调查任务	调查了解受小学生（市场）欢迎的手打柠檬茶		
调查方法	□访问调查 □问卷调查		
任务分工	成员	负责内容	
访问提纲	（设计你要提问的问题）		

2.调查情况如何？请你用简短的语言填写调查报告。

小学生手打柠檬茶喜爱度报告

结论：我校（　　）年级小学生有（　　）%喜欢的是（　　）柠檬茶，有（　　）%喜欢的是柠檬茶，有（　　）%喜欢的是（　　）柠檬茶。

---

3. 一个月后将有一场饮品界的盛会——柠檬茶新品尝鲜会，你作为奶茶店的老板一定不能错过，新品研发迫在眉睫。

你们小组计划研发什么样的柠檬茶呢？你知道柠檬茶的制作步骤吗？请你查阅资料了解柠檬茶的制作步骤，并记录。

我们计划研发的是：

柠檬茶制作的一般步骤：

---

4. 研发这款新柠檬茶最有可能遇到的问题是什么？你们准备怎么解决？

5. 在本次活动中，你的表现如何？

评价标准	自我评价	同学评价	教师评价
积极参与讨论，发表有价值的建议	☆☆☆	☆☆☆	☆☆☆
调查过程中文明用语，能对调查数据进行简单分析	☆☆☆	☆☆☆	☆☆☆
配合小组工作，能够及时完成所负责的任务	☆☆☆	☆☆☆	☆☆☆

任务2：研发新品

传统奶茶中通常含有较高的糖分和反式脂肪酸，这些成分不仅容易导致身体发胖，还可能引发一系列健康问题，如高血压、高血脂等慢性病。特别是反式脂肪酸，它不容易被身体消化，容易在腹部积累，进而增加心血管疾病的风险。

长期摄入高糖分的饮品不仅会引发龋齿，还会导致糖尿病、肥胖、高血压等病症。随着人们健康意识的提高，手打柠檬茶逐渐进入人们的视野。手打柠檬茶酸甜可口，既能解渴，又比奶茶更健康，一出市就深受大众喜爱。

1. 既然高糖分饮品会给身体带来很大的负担，那怎样使柠檬茶更健康呢？你有什么妙招儿？

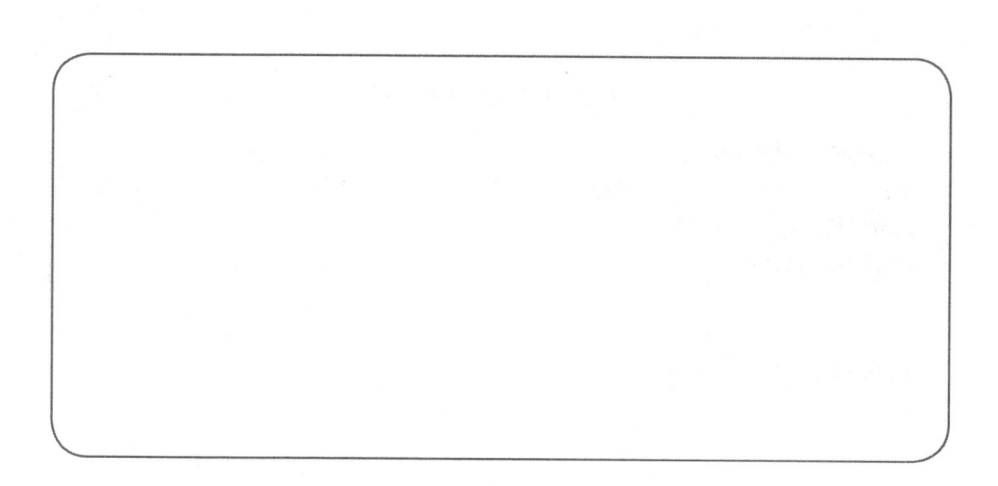

2. 百香果柠檬茶是一款充满果香的茶饮，融合了百香果的酸甜与柠檬的清新。这款茶饮不仅口感独特，还具有丰富的营养价值。百香果富含维生素C和多种矿物质，有助于增强免疫力、促进消化；而柠檬富含柠檬酸和B族维生素，有助于提神醒脑、缓解疲劳。我们一起来了解一下它的制作步骤吧。

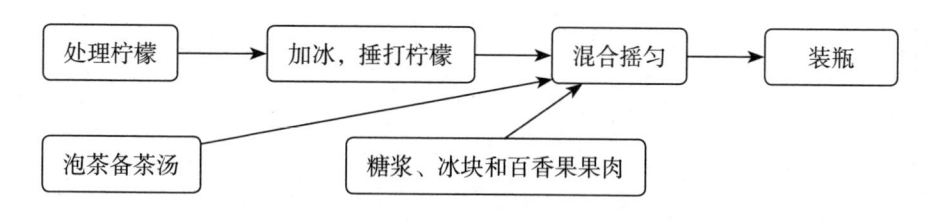

处理柠檬 → 加冰，捶打柠檬 → 混合摇匀 → 装瓶

泡茶备茶汤

糖浆、冰块和百香果果肉

3. 请你写一写百香果柠檬茶用了哪些食材。

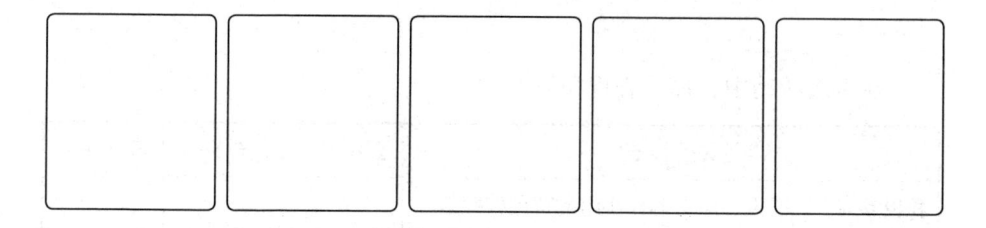

4. 实践出真知，尝试制作你们小组的手打柠檬茶，并将确定的制作流程记录下来，完成新品研发。

手打柠檬茶制作流程手册

1.选用的原材料和用量

茶：　　　　　　　　　柠檬：　　　　　　　　　水果：

其他材料：

2.我们组的最佳配方

3.我们组手打柠檬茶的制作步骤

5.制作过程中冰块在什么时候放入？还有哪些制作细节需要注意？

在本次活动中，你的表现如何？

评价标准	自我评价	同学评价	教师评价
积极参与产品研发，学会制作小组的特色柠檬茶	☆☆☆	☆☆☆	☆☆☆
知道高糖饮料的危害，有健康饮食的意识	☆☆☆	☆☆☆	☆☆☆
配合小组工作，有集体精神	☆☆☆	☆☆☆	☆☆☆

任务3：我来设计

准备相关的宣传材料，如新品海报、宣传册、产品介绍PPT等，用于向嘉宾和媒体介绍新品的特点和优势，这能帮助你在柠檬茶新品尝鲜会上吸引更多的目光。请你完成包装设计和海报设计任务。

1. 实地考察受欢迎的包装设计和元素。

我观察到的受欢迎的茶饮包装	例1	例2	例3	例4

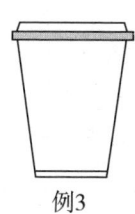

2. 设想手打柠檬茶包装和海报设计。

设想手打柠檬茶包装和海报设计

3. 宣传海报设计不仅要布局合理，主题突出，关键还需要精彩的广告语，请你尝试设计出富有创意的广告语。

手打柠檬茶广告语创想台

例：酸酸甜甜就是我，"莓"烦恼手打柠檬茶。

---

4. 我是设计师。

为了让大家更好地了解你的设计，你可以用简洁的语言写一份设计说明。

_____
_____
_____
_____
_____
_____

（1）包装设计

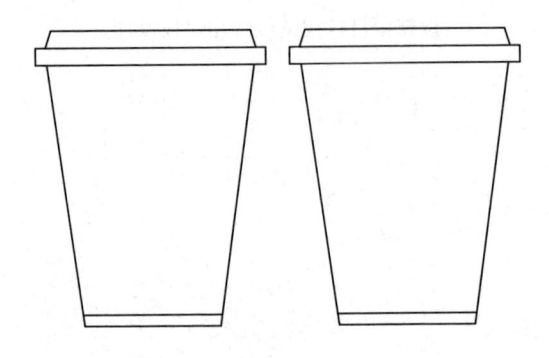

（2）宣传海报设计

5. 在本次活动中，你的表现如何？

评价标准	自我评价	同学评价	教师评价
积极参与实地调查，给出有价值的建议	☆☆☆	☆☆☆	☆☆☆
设计绘制2个包装和1份海报	☆☆☆	☆☆☆	☆☆☆
能按时完成任务，关注集体荣誉	☆☆☆	☆☆☆	☆☆☆

任务4：柠檬茶新品尝鲜会

（一）活动方案

果香手打柠檬茶清新而又不失风味，代表着人们对生活的热爱和追求。它的制作过程虽然简单，但却需要精湛的技艺和耐心。

手打柠檬茶新品尝鲜会活动方案

1.开展时间：

2.活动主题：手打柠檬茶新品尝鲜

3.活动项目及安排：

现场制作手打柠檬茶，摆放宣传海报和宣传语。

4.参会人员每人领2张购物券，选购喜欢的手打柠檬茶。

5.各个小组分工（记录下自己小组的任务即可）：

其他补充说明：

（二）参会决策

　　新品柠檬茶是发布会的核心，需要精心准备展示方式，包括柠檬茶的产品外观、口味特点和配料介绍等，可以设置专门的展示区供嘉宾品鉴。你们小组如何准备手打柠檬茶新品尝鲜会呢？

组内决策

小组选择：□参会　　□不参会

简述小组参加新品尝鲜会的意见收集计划：

分工（现场需要制作手打柠檬茶，摆放宣传海报和宣传语）：

（　　）负责：　　　　　　（　　）负责：

（　　）负责：　　　　　　（　　）负责：

摊位布置草图

（三）会前准备

同学们，勇敢迈出实践的步伐，让智慧在行动中绽放光彩！柠檬茶新品尝鲜会开始了。核实新品尝鲜会的准备情况，完成下表。

准备事项	负责人	是否准备妥当（如是则打"√"）
分工安排表		
柠檬茶制作工具和食材		
柠檬茶制作		
柠檬茶包装和海报		
布置摊位的材料		
摊位布置		
会场当天人员调动		

> 您好，我是柠檬茶新品尝鲜会主办方，诚意邀请您的奶茶店参加本次新品发布大会，请您提前做好准备，准时赴约。
> 不见不散哦！
>
> 　　　　　　　　　　　　　　　　　　时间：　　　　地点：
> 　　　　　　　　　　　　　　　　　　　柠檬茶新品尝鲜会主办方

产品意见反馈收集

> 反馈意见收集

（四）活动表现

在本次活动中，你的表现如何？

评价标准	自我评价	同学评价	教师评价
能主动承担任务，并能按时完成任务	☆☆☆	☆☆☆	☆☆☆
积极参与活动方案讨论和小组参会事宜讨论	☆☆☆	☆☆☆	☆☆☆
文明谦逊，主动收集新品反馈，为新品柠檬茶提供有价值的建议	☆☆☆	☆☆☆	☆☆☆

任务5：项目评价

此项目实施得相当出色，从规划到执行，都展现出了你们超高的水准和团队精神，老师为你们点赞。接下来请你们完成资料的整理和项目评价。

评价维度	评价内容	自我评价	同学评价	教师评价
劳动观念	能够根据需要设计调查问题，通过调查搜集信息，利用数学统计分析技能处理数据	☆☆☆☆☆	☆☆☆☆☆	☆☆☆☆☆
	能根据手打柠檬茶的制作方向，选择合适的材料	☆☆☆☆☆	☆☆☆☆☆	☆☆☆☆☆
	知道长期摄入高糖食品的危害，树立健康饮食的生活观念	☆☆☆☆☆	☆☆☆☆☆	☆☆☆☆☆
劳动能力	通过多次调配手打柠檬茶，学会计算、称量，能够在手打柠檬茶新品尝鲜会上利用数学知识完成售卖活动	☆☆☆☆☆	☆☆☆☆☆	☆☆☆☆☆
	完成文字和口头宣传文稿的撰写；通过绘画以及不同材料设计制作茶饮包装和宣传海报	☆☆☆☆☆	☆☆☆☆☆	☆☆☆☆☆
	能够通过摊位布置和表达交流吸引更多的"顾客"进行品鉴	☆☆☆☆☆	☆☆☆☆☆	☆☆☆☆☆
	能够及时收集新品的品鉴反馈，完成小组项目资料的整理	☆☆☆☆☆	☆☆☆☆☆	☆☆☆☆☆
劳动习惯和品质	具有一定的审美能力以及艺术表达能力，能够将设计想法体现在包装和海报上	☆☆☆☆☆	☆☆☆☆☆	☆☆☆☆☆
	多次反复更改配方，能够动手实践制作柠檬茶	☆☆☆☆☆	☆☆☆☆☆	☆☆☆☆☆
	遇到问题时，能够独立思考、分析问题并找到有效解决方案	☆☆☆☆☆	☆☆☆☆☆	☆☆☆☆☆
	项目活动中有合作意识，能及时完成自己负责的任务	☆☆☆☆☆	☆☆☆☆☆	☆☆☆☆☆
劳动精神	知道劳动是一种创造价值的行为，劳动是实现个人价值和社会价值的重要途径	☆☆☆☆☆	☆☆☆☆☆	☆☆☆☆☆
	具有一定的责任感和奉献精神	☆☆☆☆☆	☆☆☆☆☆	☆☆☆☆☆

"布里生花"扎染项目式学习课程

珠海市香洲区第十二小学　胡善义

一、课程目标

（一）课程内容概要

扎染是我国传统染色工艺，是现代印染工艺无法比拟的。扎染作为非遗文化的一种，值得被大众所知并传承。随着基础教育课程改革的进行，教育越来越注重培养学生的创新精神和实践能力，而项目式学习课程为学生提供了更好的实践体验。为了让学生更好地感受扎染这一非遗文化，了解中国传统艺术，本课程将从扎染的起源开始，让学生学习扎染的历史文化背景，自主查阅资料，制订扎染的计划，掌握扎染方法，并完成一个扎染手帕的设计与制作。在项目过程中，学生将发挥自己的创造力与动手能力，发现问题并解决问题，同时以知识图的方式梳理整个项目的流程、步骤，并培养推理能力和解释能力。

（二）课程教学目标

1. 树立良好的劳动观念。体验扎染的全过程，了解扎染的方法和步骤，认识到扎染是一种独特的染色工艺，是我国的非遗文化。扎染可以让生活更美好。

2. 提高劳动能力。提高手工制作技能、运用扎染技巧进行艺术创作的能力。

3. 养成良好的劳动习惯和品质。在扎染中体会愉悦感与成就感，通过扎染活动培养合作、自主求知、探索的意识。形成勤劳、认真、细心、耐心的劳动习惯，注重工作细节和质量。

4. 弘扬劳动精神。在扎染操作中，发扬勇于尝试、不断探索和创新的劳动精神。

二、课程内容

本课程将带领学生探索中国古老的染色艺术——扎染。通过本课程的学习，学生将了解扎染的历史背景、文化内涵，掌握扎染的基本技术和创新应用。

首先，学生将探索扎染这种独特艺术形式的起源和发展。通过了解其历史背景，学生将深入理解扎染在中国传统文化中的重要地位和独特魅力。其次，学生将学习扎染的基本技术和技巧。从选择合适的布料、染料，到捆扎、染色、漂洗等各个环节，教师都会进行详细的讲解和操作演示。在这个过程中，学生可以亲自动手，感受扎染的制作过程，体验创造的乐趣。再次，学生将探讨如何将扎染技术应用于现代设计，如服饰、家居用品等。通过实践创新，学生将学会如何将传统工艺与现代审美相结合，创造出具有时代特色的扎染作品。最后，进行作品展示和评价。学生可以将自己的扎染作品带来，与其他同学分享交流。我们还将邀请专业人士对作品进行评价指导，帮助大家更好地提升技艺和创作水平。

通过本课程的学习，学生将全面了解扎染的奥秘，掌握基本的扎染技巧，并激发创造力与想象力，甚至能够深入挖掘扎染的艺术价值，并将其传承发扬光大！

本课程内容分为五个部分。

教学内容	建议课时数
什么是扎染？	1
扎染包括哪些工序？	1
如何提取扎染的染料？	2

续表

教学内容	建议课时数
如何扎染出一个美丽的图案？	2
如何宣传推广自己的扎染作品？	1

三、课程实施

（一）项目设计概要

本项目通过创设具有现实意义的问题情境，设计多样化的活动，帮助学生在自主、合作、探究中突破重难点，进而更好地提升劳动学科核心素养。本项目设计概要主要包括如下内容。

项目名称	扎染	课时	6
学科	科学、劳动	年级	五、六年级
项目简述	扎染是我国传统而独特的染色工艺，非遗文化的一种，为了让学生更好地感受扎染这一非遗文化，学习和了解中国传统艺术，本课程将从扎染的起源开始，让学生了解扎染的历史文化背景，自主查阅资料，制订扎染的计划，掌握扎染方法，并亲手完成一个扎染手帕的设计与制作		
驱动问题	假如你是非遗扎染推广员，你打算如何在校园里推广扎染工艺？		
子问题设计	1.扎染是什么？ 2.扎染的工序是什么？ 3.如何提取扎染的染料？ 4.如何扎染个性化图案？ 5.如何扎染个性作品？		
项目成果	1.扎染说明书。 2.扎染化妆箱。 3.扎结百变秀		

（二）项目设计实践

基于驱动问题"假如你是非遗扎染推广员，你打算如何在校园里推广扎染工艺？"进行单元设计，从学习任务、学习目标、学习活动和学习资源四个方面,回应基于学情分析教材内容时所提出的系列问题。

课时数	学习任务	学习目标	学习活动	学习资源
1	扎染是什么?	了解扎染工艺的历史及传承,初步了解扎染的工艺流程	阅读扎染相关资料;设计介绍扎染的海报	扎染资料手册;海报设计
1	扎染的工序是什么?	在项目中了解扎染的具体工艺流程	扎染创意设计比赛	扎染作品项目计划书
2	如何提取扎染的染料?	了解各种各样的扎染染料;掌握一种天然染料的制作方法	阅读扎染资料手册;探究天然染料的制作	染料百宝箱
2	如何扎结个性化图案	知道基本的扎染技法;掌握简单扎染技法	学习简单扎染技法并进行实践	扎结百变秀
1	如何扎染个性作品?	了解常见的扎染方法;知道如何做染色计划	学习染色方法	

四、评价维度及成果形式

我们主要从过程性评价、表现性评价和发展性评价等维度对学生参与项目的表现进行客观、具体和多维度的评价。

扎染课程的成果主要是学生完成扎染项目式学习后的成果,主要包括扎染海报、扎染说明书、项目计划书、染料百宝箱和扎结百变秀等。我们提供给学生项目式学习手册以及指导手册,方便学生更好地参与项目的学习。

五、"布里生花"项目式学习概述

【扎染的基本步骤】

扎染的步骤包括:图案的设计、染料和面料的选择、扎结、染色、漂洗、拆开扎结、晒干、完成扎染。

【染料的选择与提取】

1. 染料的类型

染料分为植物染料和化学染料，其对比如下。

对比项	植物染料	化学染料
色泽	较淡	鲜艳
颜色种类	少，只有几种基础颜色	多，可以调出更多颜色
环保程度	高	一般
价格	较高	较低
持久度	持久	不持久
提取时间	30分钟左右	4~10分钟

2. 植物染料

植物染料是一个多成分组合体，既有色素成分，也有很多其他物质，正是这些多种物质的组合形成了最后的色彩。常用植物染料如下。

原料名称	染料颜色	提取时间	提取方式
茶叶	棕色	40分钟	选取半斤（250 g）左右红茶，然后倒入沸水中煮30分钟；煮好后，将水滤出置入大容器中，用茶叶制作的染料就完成了
草莓/玫瑰花瓣	粉色	30分钟	1.摘取新鲜红色玫瑰花，去除绿叶花蕊，将花瓣洗净。2.将花瓣放入盆中，加入白醋（500 g）。3.用双手揉搓花瓣，直至花瓣化为花泥，与白醋完全融合。4.将花汁过滤去渣后加水，水与醋的比例为1∶1
葡萄皮	紫色	30分钟	1.吃葡萄取得葡萄皮，大概500 g葡萄即可。2.将葡萄皮洗净，然后加入4~5 L的水，小火煮沸，沸腾20分钟，直到葡萄皮紫色褪去变成棕色即可过滤
甜菜根	红色	60分钟	将甜菜根放入锅中，然后加入清水，清水高出甜菜根3厘米左右，然后大火烧开转小火煮60分钟，一旦染料变成深红色，关火并用勺子取出甜菜根

续表

原料名称	染料颜色	提取时间	提取方式
洋葱皮	黄色	60分钟	收集带有颜色的洋葱皮，用水煮开，泡一夜，可以加入一些明矾、食盐来固色
菘蓝	蓝色	8天	1.割取菘蓝茎干和枝叶，将菘蓝茎干和枝叶放入有水的大水桶或水池中发酵8天。 2.向容器中投入石灰。 3.搅拌石灰水使其沉淀为浆状物。 4.将所述浆状物滤去杂质及水分便得到天然靛蓝染料

3. 化学染料

化学染料是指能使其他物质获得鲜明而牢固色泽的一类有机化合物，由于现在使用的颜料都是人工合成的，所以也称为合成染料。化学染料可以通过直接调色获得想要的颜色，颜色配比如下。

染料的调色	最终颜色
红+白	粉红
蓝色+黄色	绿色
红+黄+白	肤色
红+黄	橙色
红+蓝	紫色

【不同捆扎方式与形成的图案】

扎染有许多图案和设计样式，需要不同的工序来制作。图案越简单，操作越容易。但是，如果你想挑战自我，染出复杂的图案，就需要包括针织在内的更多步骤。请记住安全第一，在扎染时戴上手套，并系上围裙以防止染料沾到你的衣物。

你可以根据喜好、织物类型来选择染料，如果布料是新的，要先洗涤，不要对其进行烘干，而是拧出多余水分，然后在潮湿状态下扎染。

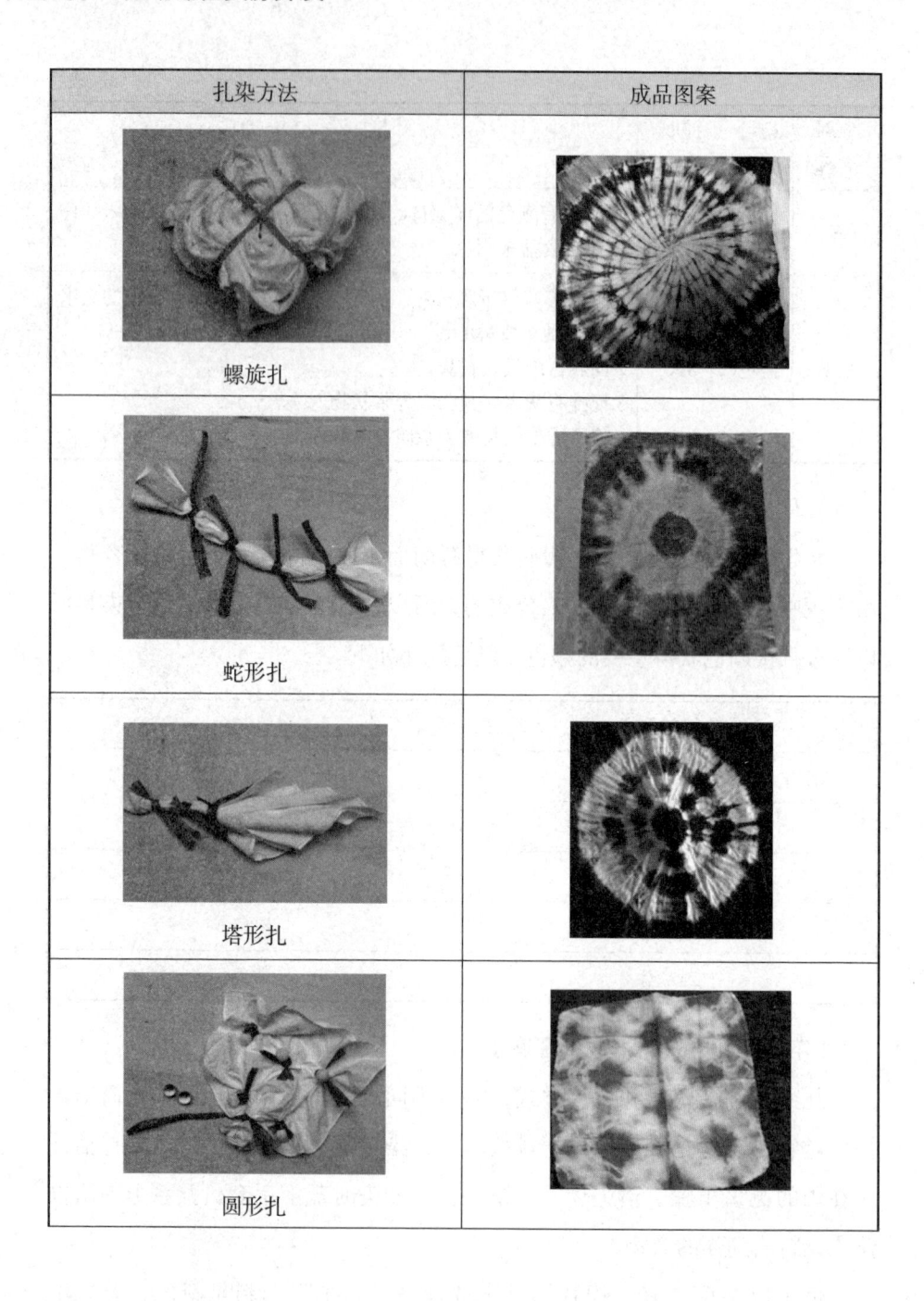

扎染方法	成品图案
螺旋扎	
蛇形扎	
塔形扎	
圆形扎	

续 表

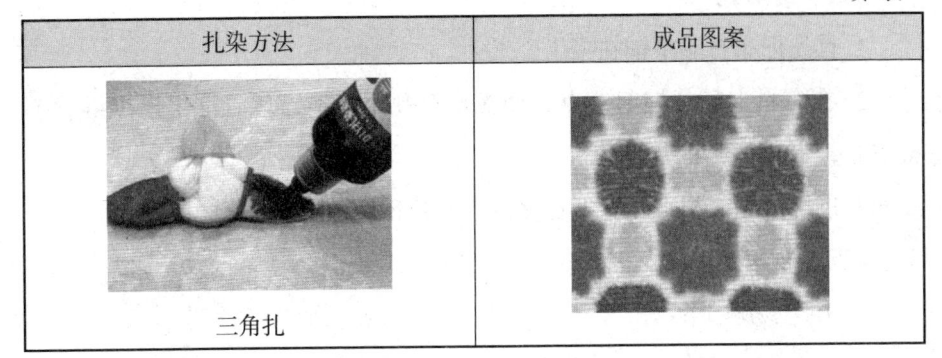

扎染方法	成品图案
三角扎	

（一）螺旋扎

1. 一块方手帕，取其中心点朝着一个方向旋转，呈螺旋形。

2. 将手帕慢慢收拢成一个圆。

3. 用橡皮筋将手帕十字交叉绑起来。

（二）蛇形扎

直接将手帕用皮筋分段捆扎。

（三）塔形扎

塔形扎步骤如下所示：

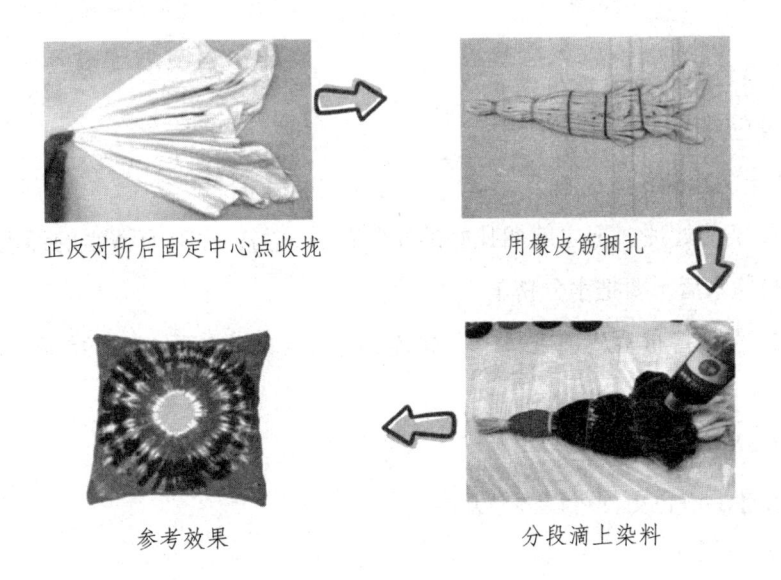

正反对折后固定中心点收拢 → 用橡皮筋捆扎 ↓

参考效果 ← 分段滴上染料

（四）圆形扎

1. 首先把布打湿平铺在桌上。

2. 在布料上随意捏起一点，用橡皮筋扎个揪揪，顺着这个揪揪继续绑橡皮筋，直至将面料绑完。

3. 也可以在面料上随意捏更多的点扎揪揪。

（五）三角扎

三角扎步骤如下：

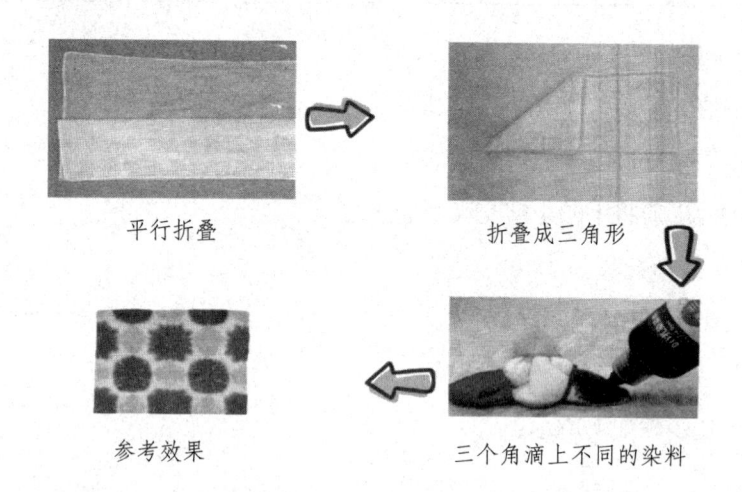

平行折叠　　　　　　　　折叠成三角形

参考效果　　　　　　　　三个角滴上不同的染料

【染色】

染色分为冷染法和热染法。

（一）冷染法

1. 染前处理。把之前捆扎好的布料都放进另一个装有清水的桶里。当布料吸饱水后，要把水分挤干。

2. 直接将布料放进染料中，静置20分钟（时间依据想要的颜色深浅而定）。

3. 捞出后洗去浮色。

4. 想要颜色更深可以多染几次。

（二）热染法

1. 染前处理。把之前捆扎好的布料都放进另一个装有清水的桶里。当布料吸饱水后，要把水分挤干。

2. 然后进行煮染，时长20分钟左右，过程中需要翻动（颜色深浅与温度、时长有关）。

3. 捞出，清水冲洗去浮色，拆线，再清洗，完成染色。

六、"布里生花"项目式学习指导手册

任务1：了解扎染

（一）什么是扎染

扎染是非遗文化的一种，是民间传统染色工艺。它是通过纱、线、绳等工具，对织物进行扎、缝、缚、缀、夹等多种形式组合后进行染色。扎染工艺分为扎结和染色两部分。其工艺特点是将线在被印染的织物上打绞成结后，再进行印染，然后把打绞成结的线拆除。扎结的外力作用使得织物染色不均，因此织物上显现奇特的彩色花纹。它有一百多种染色技法，各有特色，如"卷上绞"，晕色丰富，变化自然，趣味无穷。更使人惊奇的是，即使有成千上万个图案，也绝不会有相同的出现。这种独特的艺术效果，是机械印染工艺难以达到的。扎染作品色彩朴实，自然大方，富有浓郁的民间风格。

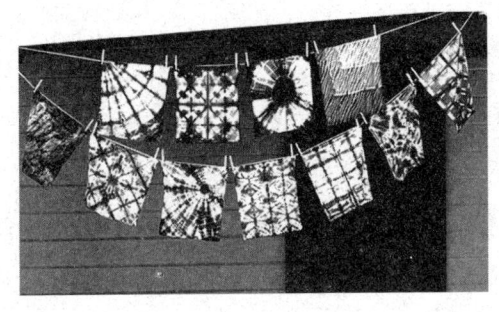

1. 我对扎染的理解是：

_____

_____

_____

2. 你还知道哪些扎染知识，和你的伙伴分享一下吧。

（二）扎染的制作流程

扎染通过扎结和染色两个主要步骤，创造出独特的图案和色彩效果。扎染的技巧和工具随着时间的推移而不断发展，但基本原理保持不变。扎染的制作流程有哪些呢？和你的伙伴讨论一下并写下来。

（三）认识染料

查阅读扎染资料，和同学讨论自己最喜欢的染料和形式等。

（四）我知道的扎染

扎染有着悠久的历史，它晕色丰富，变化自然，趣味无穷，传承至今已成为重要的世界工艺瑰宝。为了更好地传承扎染工艺，请你设计一张海报介绍扎染。要求如下：

1. 用文字和图片相结合的形式进行设计。
2. 尺寸为A4纸大小，布局合理、美观。

我为扎染代言

任务2：走近扎染

为了推广和宣传扎染，让更多的同学了解扎染工艺，学校将举办校园创意扎染大赛。同学们，让我们来一显身手吧！

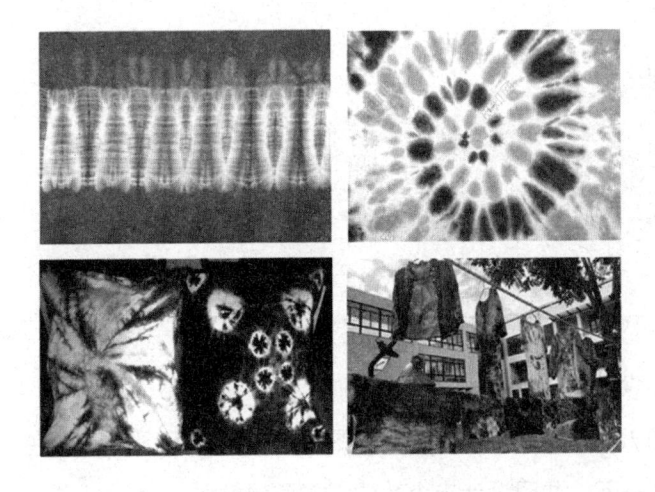

比赛要求：
1.扎染主题自定；
2.布料统一为白色正方形手帕；
3.染料自定；
4.鼓励创新和个性化设计；
5.作品美观、大方，主题鲜明，布局合理。

（一）项目策划

想一想完成比赛需要考虑哪些问题？

（二）项目设计

1. 制订项目计划书

扎染比赛项目计划书

扎染主题：

使用材料：

图案设计：

颜色搭配：

成本核算：

人员分工：

时间安排：

2. 作品设计

为了更好地完成比赛，我们需要提前设计扎染图案和颜色。和你的小伙伴们讨论一下，共同设计出个性的图案和颜色吧。

<table>
<tr><td colspan="2" align="center">作品设计</td></tr>
<tr><td> </td><td> </td></tr>
</table>

3. 交流分享

小组间交流并分享各自的设计，对设计中不合理的地方进行修改完善。

（三）项目评价

你在参加项目活动中表现如何，让我们对自己的表现进行评价吧！

项目活动	自我评价	教师评价	同学评价
项目策划			
项目设计			
交流分享			

任务3：百变染料

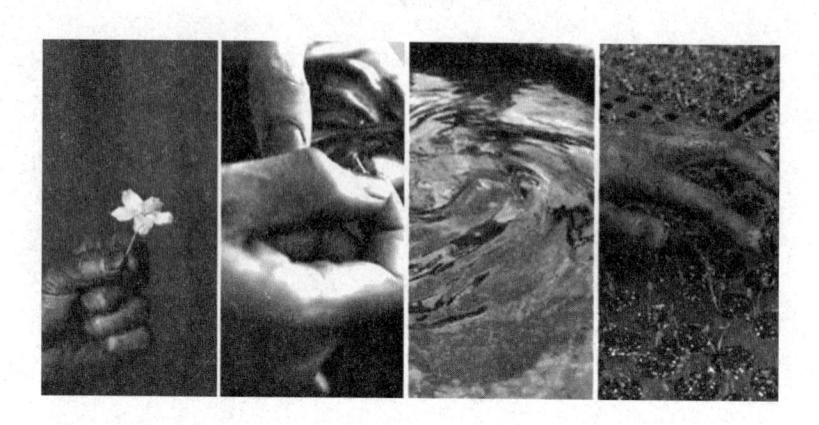

扎染的染料主要包括植物染料和化学染料。植物染料是扎染的一种常用染料，这些染料具有天然的色彩和特殊的质感，可以为织物增添自然的美感。化学染料价格低廉，颜色较多，但色牢度较差。

（一）染料知多少

1. 染料的类型

阅读资料，对各种染料进行整理分类，并写出它们的区别。

对比项	植物染料	化学染料
色泽		
颜色种类		
环保程度		
价格		
持久度		
提取时间		

2. 认识几种常见的染料

植物染料是一个多成分组合体，既有色素成分，也有很多其他物质，正是这些多种物质的组合造就了最后的色彩。常用的植物染料材料有茶叶、玫瑰花瓣、草莓、葡萄皮、甜菜根、洋葱皮、菘蓝。你知道植物染料的提取方式吗？能不能写下来？

原料名称	染料颜色	提取时长	提取方式
茶叶	棕色	40分钟	选取半斤（250 g）左右的红茶，然后倒入沸水中煮30分钟；煮好后，将水滤出置入大容器中，用茶叶制作的染料就完成了
玫瑰花瓣/草莓	粉色	30分钟	1.摘取新鲜红色玫瑰花，去除绿叶花蕊，将花瓣洗净。 2.将花瓣放入盆中，加入白醋（500 g）。 3.用双手揉搓花瓣，直至花瓣化为花泥，与白醋完全融合。 4.将花汁过滤去渣后加水，水与醋的比例为1：1
葡萄皮	紫色	30分钟	1.吃葡萄取得葡萄皮，大概500 g葡萄即可。 2.将葡萄皮洗净，然后加入4~5 L的水，小火煮沸，沸腾20分钟，直到葡萄皮紫色褪去变成棕色即可过滤
甜菜根	红色	60分钟	
洋葱皮	黄色	60分钟	
菘蓝	蓝色	8天	

3. 化学染料

化学染料是指能使其他物质获得鲜明而牢固色泽的一类有机化合物，由于现在使用的颜料都是人工合成的，所以也称为合成染料。化学染料可以通过直接调色获得想要的颜色，以下染料调色后会变成什么颜色呢？

染料的调色	最终颜色
红+白	
蓝色+黄色	
红+黄+白	
红+黄	
红+蓝	

（二）染料百宝箱

1.我们选择制作的染料特点是什么？

2.我们的制作方案是什么？

染料制作方案

染料名称	
所需原料	
人员分工	
制作方法及流程	

3. 制作染料。

准备需要的原料，开始制作属于我们自己的染料吧。

我的染料百宝箱

染料名称			
制作时间		制作者	
染料的优点			
需改进的地方			

（三）交流分享

1. 展示交流。展示小组制作的染料，并分享制作的过程，分析总结制作过程中的优点与不足。

_____

_____

2. 对制作过程中的表现进行评价。（1分代表一般，3分代表优秀）

评价维度	评价标准	自我评价	同学评价	教师评价
小组分工	小组分工合理，合作充分			
原料准备	能做到提前规划，原料准备有序充分			
方案设计	设计新颖独特，色彩搭配合理			
制作过程	动手能力、思考能力及解决问题的能力突出			

任务4：百变造型

扎结是扎染工艺的重要环节，扎染是通过纱、线、绳等工具，对织物进行扎、缝、缚、缀、夹等多种形式组合后进行染色。在染色时，由于部分扎结起来不能着色，而未被扎结部分均匀受染，织物呈现出各种各样的花纹和丰富多彩的颜色。它既可以染成规则纹样，又可以染出表现具象图案的复杂构图及多种绚丽色彩。

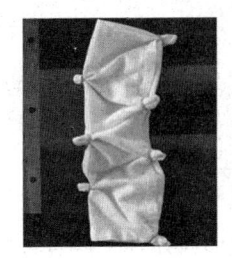

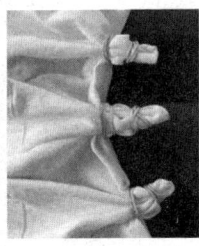

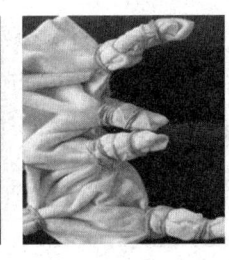

（一）认识扎结工具

扎染过程中应用到的工具比较多，常见的有皮筋、纱、线、绳等。区分一下它们的特点和适用类型。

序号	扎结工具	特点	适用类型
1	皮筋		
2	纱		
3	线		
4	绳		

（二）扎结方式

扎结的方式不同，织物的花纹和颜色也不同。让我们了解一些常见的扎结方式吧。

1. 螺旋扎

取织物中心点朝着一个方向旋转，呈螺旋状，将织物慢慢收拢成一个圆，然后用橡皮筋将其十字交叉绑起来。

和同伴说说螺旋扎的步骤，并概括螺旋扎的特点。

2. 塔形扎

在织物上选择一个点作为中心点，将织物沿中心点对折后呈塔形收拢，然后用橡皮筋捆扎。

塔形扎的步骤主要包括哪些？概括塔形扎的特点。

3. 三角扎

写出三角扎的步骤和特点。

三角扎

步骤	
特点	

你还知道哪些扎结的方式?和同伴说说吧!

(三)扎结百变秀

小组讨论并画出扎染的图案,根据设计的图案,选择合适的扎结方式。

图案设计	扎结方式

(四)分享与评价

展示小组的图案设计和扎结方式,并说明理由。根据其他小组的建议进行调整和完善。

任务5:布染春秋

染色是扎染的关键环节。准备好染料,将布料按设计好的图案进行捆扎,就可以染色了。染色的时间长短和染料的浓度决定了布料的最终色彩效果,待染色完成后,取出布料晾干,解开扎结,便可呈现出独特的扎染效果。扎染让每一块布料都仿佛在讲述着一个富有诗意的故事。

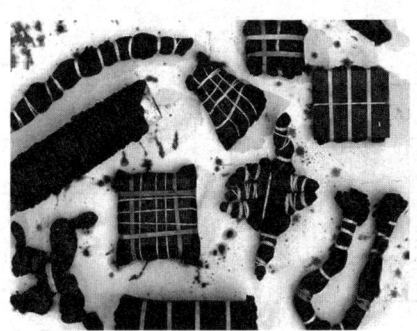

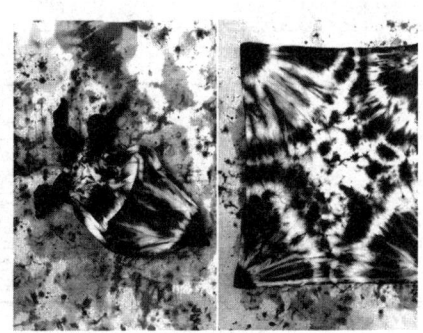

（一）染色的方法

1. 浸泡

染色前，根据需要，可以将扎结好的布料用清水浸泡。

2. 染色

扎染的染色方法通常包括浸染和滴染等。浸染即将扎好"疙瘩"的布料先用清水浸泡一下，再放入染缸里，或浸泡冷染，或加热热染，经一定时间后捞出晾干，再将布料放入染缸浸染。如此反复浸染，每浸一次色深一层，即"青出于蓝"。滴染是将染料滴在布料上，以形成小的、随机的图案。

3. 固色

染色完成后，将布料放入密封袋中保存，以固定颜色。保存时间越长，固色效果越好。也可以加入明矾、盐水等固色剂，或在固色液中浸泡，提高固色效果。

4. 清洗

将布料在水龙头下冲洗，以去除浮色，直到水流无颜色为止。

5. 晾干

冲洗后，将布料晾晒，注意避免暴晒以免脱色。

（二）我染我"色"

根据上面的方法和步骤，做出我们的染色计划吧。

步骤	操作	时间
1		
2		
3		
4		
5		

（三）成果展示

经过劳动创作，相信大家都取得了非常了不起的成果。把我们的作品照片贴在下框中，展示一下吧。

（四）交流评价

小组协作互评表			
评价项目	自我评价	同学评价	教师评价
踊跃参与，表现积极	☆☆☆	☆☆☆	☆☆☆
提出建设性意见	☆☆☆	☆☆☆	☆☆☆
鼓励/督促小组成员积极参与协作	☆☆☆	☆☆☆	☆☆☆
对小组贡献突出	☆☆☆	☆☆☆	☆☆☆

"采菊东篱"项目式学习课程

珠海市香洲区第十二小学　刘晶晶

一、课程目标

（一）课程内容概要

学校劳动学科校本课程以梅、兰、竹、菊四种植物为主线，构建起一个多样化、系统化、规范化的劳动课程体系。通过完整的项目式学习过程，学生体验工业生产的乐趣，感受中华文化的博大精深。"采菊东篱"项目式学习课程注重培养学生的研发应用能力，在这个项目里，学生将学习菊花养护与采摘技巧，尝试动手制作菊花干，结合中医知识DIY菊花茶，培养科研思维。同时，菊是花中四君子之一，学校通过开展这个学习项目塑造学生的君子品格。

（二）课程教学目标

1. 总目标

《劳动课程标准》将小学劳动课程分为十大任务群，工业生产劳动是其中的重要组成部分。结合校本劳动课程，我们开发"采菊东篱"这一学习项目，旨在达成以下学习目标。

① 发展探究思维，形成必备的劳动能力。学生分小组参与"采菊东篱"项目式学习，在小组合作探究中发展劳动能力。

② 培养良好的劳动品质，弘扬劳模精神和工匠精神。在开发菊产品的过程中，重视产品安全与质量的审核与评价，培育学生精雕细琢的工匠

精神。

③ 弘扬中华优秀传统文化，在劳动中增强文化自信。引导学生探究与领会菊的文化与精神内涵，体会中华优秀传统文化。

2. 学段目标

六年级的学生已经具备了一定的研究能力和科研思维，经过前五年的学习与劳动实践，已经初步掌握了一定的劳动技能，具备了一定的劳动实践经验，形成了一定的劳动习惯和品质。在这个学段，我们将达成以下学习目标。

① 进一步体验种植、养护等生产劳动，能安全、规范、有效地开展菊产品的研究和开发。

② 能根据目标制订劳动计划，并能在劳动过程中适时优化调整，形成质量意识。

③ 在劳动过程中提升与他人合作的能力，培养主动克服困难、追求创新的劳动观念。

二、课程内容

本项目给学生创设了一个真实的情境：假如你是产品研发经理，如何研发出深受消费者喜爱的菊产品？既然是研发，那产品一定是具有某些创意的，这能在很大程度上激发出学生的创意思维；同时产品要深受消费者喜爱，这就要求经理充分考虑消费者的需求，设计出实用、有效的产品，这是产品研发的基础性思维。在此情境基础上，我们一步一步开展项目式学习：①学习菊花养护与采摘技巧；②鼓励学生用多种方法制作菊花干，分析每种方法的优势和劣势；③制作好菊花干后，学生搜集资料，简单了解中药材常识，DIY菊花茶；④开展菊文化内涵研究，了解菊花不仅是工业生产的原料，也是中华优秀文化品质的象征。本课程的教学内容分为以下四个部分。

教学内容	建议课时数
"菊"在中华文化中的意义	2
制作菊花干	1
菊花干展览会	1
了解中药功效，DIY菊花茶	2
菊产品的营销	2

三、课程实施

（一）项目设计概要

本项目给学生创设了一个真实的情境：假如你是产品研发经理，如何研发出深受消费者喜爱的菊产品？围绕这个情境，学生在小组中合作突破重难点，提升自身能力。本项目设计概要主要包括如下内容。

项目名称	采菊东篱	课时	8
学科	劳动、语文	年级	六年级
项目简述	"采菊东篱"项目融合了科学和语文学科，以"假如你是产品研发经理，如何研发出深受消费者喜爱的菊产品？"为问题情境，以"学习菊花养护与采摘技巧、尝试动手制作菊花干、结合中医知识DIY菊花养生茶、感受菊在中华文化中的内涵"为逻辑主线，从种植到加工再到开发产品，最后揭示菊在中华文化中的内涵，抽丝剥茧，层层递进，这一过程既提升了学生的劳动和创新能力，又陶冶了学生的情操		
驱动问题	1.菊在中华文化中有何意义？ 2.怎样设计一款深受消费者喜爱的菊产品？ 3.怎样设计菊花产品的营销方案？ 4.怎样评价我们开发的产品和营销方案？		
学习目标	1.发展探究思维，形成必备的劳动能力。学生分小组参与到"菊"研究中，在小组合作探究中发展劳动能力。 2.培养良好的劳动品质，弘扬劳模精神和工匠精神。在开发菊产品的过程中，重视产品安全与质量的审核与评价，培育学生精雕细琢的工匠精神。 3.弘扬中华优秀传统文化，在劳动中增强文化自信。引导学生探究菊的文化与精神内涵，体会中华优秀传统文化		

(二)项目设计实践

基于驱动问题"怎样设计一款深受消费者喜爱的菊产品?"进行单元设计,从学习任务、学习目标、学习活动和学习资源四个方面,构建项目式学习的实践框架。

课时数	学习任务	学习目标	学习活动	学习资源
2	菊在中华文化中有何意义?	培养搜集资料、整理资料的能力,了解与菊有关的诗歌和历史故事,感受菊在中华文化中的意义和地位	班级分享:学生在组内分享自己搜集整理的资料,小组选出代表全班分享。班级讨论:菊在中华文化中有何重要意义?	教师引导学生在班级分享与菊有关的诗歌、文章、历史故事等,并适时补充
4	怎样设计一款深受消费者喜爱的菊产品?	培养动手能力和实践思维,初步了解工业生产的基本流程和注意事项,初步形成产品安全意识	各小组进行菊产品开发实践,并解读产品设计理念。花干的制作方法。养生菊花茶包的搭配与制作。产品外包装设计思路	1.教师出示菊花干制作视频,并讲解常见中药材的功效以及菊花作为中药材使用的注意事项。2.教师引导学生了解产品外包装的设计方法和注意事项
2	怎样设计菊花产品的营销方案?	各小组讨论本小组的营销方案,综合考量产品定价、营销途径,通过做宣传海报、拍摄广告、跳蚤市场义卖等方式营销产品	撰写产品营销方案计划书	出示产品营销计划书模板

四、评价维度及成果形式

（一）项目评价

1. 对中华文化的了解程度。

2. 对菊花茶包的设计等基础知识掌握得是否扎实。

3. 设计与审美能力。

4. 创意能力。

评价维度	任务1	任务2	任务3~5
基础知识	资料收集整理	工业生产流程	收集组员意见
能力素养	汇报交流能力	团队合作及审美能力	规划设计及创新能力
文化体悟	文化认同	兴趣与文化传承	弘扬文化

（二）项目式学习的成果展示

成果类型	成果清单	评价方式
个人成果	1.搜集与菊有关的文化知识。 2.分享交流	班级评议互议
团队成果	1.菊花茶包。 2.营销方案	班级评议互议

五、"采菊东篱"项目式学习手册

东篱公司是一家专门研发生产以菊花为原材料的食品饮品有限公司，由于近年来我公司商业版图不断扩大和人们养生观念不断提升，市场对保健饮品的需求量激增，我公司现急需一批年轻能干、有创意、有想法的产品研发经理加入我们，为我公司注入新的活力，创造更大的经济效益。年轻有为的你快来参加挑战，加入我们吧！

请写出以下菊花属于什么品种？（写出两种即通过挑战）

(　　　)　　　　　　　(　　　)

(　　　)　　　　　　　(　　　)

恭喜你通过挑战，成为我公司一名产品经理，让我们一起踏上菊产品研发之旅吧！

任务1：菊文化我知道

苏轼曾说过："常食杞菊，及夏五月，枝叶老梗，气味苦涩，犹食不已。"菊花历来深受中华民族的喜爱，与梅、兰、竹一起，并称花中四君子。菊花以其傲雪凌霜、不畏严寒的品质被誉为高洁坚贞的化身。我公司以"菊"为核心，构建起了不畏艰难、发奋图强、敢为人先的企业文化。下面让我们一起走进菊文化。

（一）了解菊花

菊花在植物分类学中是菊科、菊属的多年生宿根草本植物。按栽培形式分为多头菊、独本菊、大立菊、悬崖菊、艺菊、案头菊等栽培类型；按花瓣的外观形态分为园抱、退抱、反抱、乱抱、露心抱、飞午抱等栽培类型。不同类型的菊花又有着各种各样的名称。

菊花是经长期人工选择培育的名贵观赏花卉，公元8世纪前后，作为观赏的菊花由中国传至日本。17世纪末叶荷兰商人将中国菊花引入荷兰，18世纪中国菊花传入法国，19世纪中期被引入北美。此后中国菊花遍及全球。

1. 你对菊花的了解和认识是：

2. 介绍你种植或了解的菊花品种，可以重点说说它的外形、颜色、气味、生长习性等。

（二）菊花里的传统文化

> 菊花是中国十大名花之一，花中四君子（梅兰竹菊）之一，也是世界四大切花（菊花、月季、康乃馨、唐菖蒲）之一，产量居首。因菊花具有凌寒傲霜的品格，古往今来，文人墨客们留下了数不清的歌咏菊花的篇章，而且，古神话传说中菊花还被赋予了吉祥、长寿的含义。

1. 请将你最喜爱的与菊有关的诗写在下面。

2. 中国历史上有很多名人酷爱菊花，他们将坚贞高洁的菊花作为自己人格精神的象征。请搜集资料，把你知道的和菊有关的名人或故事写在下面。

3. 中国画讲究写意，往往寥寥数笔就将事物的神韵表现得淋漓尽致。请查阅资料，找一幅你喜爱的菊花国画，将它复印下来贴在下面，或者用语言介绍这幅画。

（三）菊花之我见

菊花品种繁多、色彩缤纷、形状优美，深受中华民族的喜爱。在中国文人眼中，菊花还是高尚人格精神的象征，被赋予了深厚的文化内涵。请你自选形式（绘画、写诗、海报等），说一说你眼中的菊花。

（四）菊花文化手册

请你将以上资料写在A4纸上，形成一本菊花文化手册，要求如下：

1. 为菊花文化手册设计一个封面。

2. 内容编排合理，类别清晰。

3. 图文并茂，美观整洁。

4. 内容丰富，可以加入自己的摄影作品、观察日记、原创菊诗等。

（五）评选颁奖

请各产品经理将自己的菊花文化手册展示出来，以展示对企业文化的理解和认同，所有经理投票选出最优秀的手册作品，并颁发奖品。

任务2：制作菊花干

一个优秀的产品经理应该深入生产一线，对公司产品的生产过程了如指掌，才能知道产品的优势与弱点，进而研究改进，实现产品的创新与迭代。各产品经理，让我们深入生产一线吧！

（一）菊花种植

菊花的种植方法：

1. 准备土壤：种植时可将园土、河沙、腐叶土和适量有机肥混合做土壤，这样透气性好且有养分，更利于菊花后期生长。另外，注意使用前先消毒处理。

2. 播种入土：备好土后就可将种子均匀地种下，注意不可太密，建议稀播。之后要多观察土壤的干湿状况，适量喷水，然后放在阴凉环境下等待发芽。

3. 后期养护：等种子发芽后可适当增加光照，加强通风并适量浇水，这样养护一个月就可施加肥料，促进小苗生长。

养护期间要注意控制好温度，在20℃左右最好，不可高于30℃，也不能低于10℃，否则都会影响菊花生长。平时还要给予菊花足够的见光时间，将其放在光线好的地方，但夏季要遮阴。另外，养护期间最好每年春季换一次土，保证养分充足，而且可避免土壤出现板结现象。

（二）菊花干

菊花干是一种被广泛应用于中医药和食疗的天然材料，菊花干富含多种营养成分，包括黄酮类、芳香酮类、维生素C、花青素、挥发油、氨基酸等。这些成分为菊花干赋予了特殊的药用价值和功效。

1. 菊花干有哪些功效？请查阅资料，写在下面。

_____
_____
_____
_____
_____

2. 菊花干虽然有丰富的营养，但是食用时也有许多注意事项，请认真查阅相关资料，将注意事项填写在下面。

_____
_____
_____
_____
_____

（三）制作菊花干项目设计

1. 制作菊花干有多种方法，请各生产小组制作一个项目计划书。

<table>
<tr><th colspan="4">制作菊花干项目计划书</th></tr>
<tr><td>小组名称</td><td></td><td>小组组长</td><td></td></tr>
<tr><td>组员</td><td colspan="3"></td></tr>
<tr><td>选择的菊花品种</td><td></td><td>时间安排</td><td></td></tr>
<tr><td rowspan="5">人员分工</td><td colspan="2">姓名</td><td>负责事项</td></tr>
<tr><td colspan="2"></td><td></td></tr>
<tr><td colspan="2"></td><td></td></tr>
<tr><td colspan="2"></td><td></td></tr>
<tr><td colspan="2"></td><td></td></tr>
<tr><td>材料及工具准备</td><td colspan="3"></td></tr>
<tr><td>制作菊花干流程图</td><td colspan="3"></td></tr>
<tr><td>成本核算</td><td colspan="3"></td></tr>
<tr><td>备注</td><td colspan="3"></td></tr>
</table>

2. 小组交流，对计划的内容进行补充，对不合理的地方进行修改完善。

任务3：菊花干展览会

（一）菊花干展览

1. 想一想，菊花干展览会上，你们小组应该重点介绍什么内容？

_____

_____

_____

2. 请以生产小组为单位，为展览会介绍的内容撰写一个简要的发言提纲。

3. 用不同方法制作出来的菊花干，其色泽、外观、制作所需时间、总成本等也不同，在各生产小组展示结束后，请总结填写下表。

不同制作方法制作菊花干对比表							
制作方法	色泽	外观	香气浓淡	卫生状况	外在条件限制	成本
自然晾干法						
晒干法						
先蒸后晒法						
烘干法						

（二）生产小组反思与总结

通过制作菊花干这一简单的生产劳动，相信你们一定有很多的反思与总结，请你将自己的反思与总结写在下面。

（三）项目评价

你在参加项目的过程中表现如何？各小组的产品经理，一起来评价一下吧。（满分：★★★★★）

评价主体	项目策划能力	项目实践能力	分享交流能力	反思改善能力
自我评价				
同学评价				
教师评价				

任务4：菊花茶DIY

经过前一段时间的了解和考察，相信你已经对公司的生产有了初步了解，接下来发挥你的聪明才智，我们一起研发新品，为公司创造利益吧！

（一）菊花茶我知道

菊花茶是一种以菊花为原料制成的花草茶，有时也在白菊花中加些茶叶，起到调味的作用。产于湖北麻城福田河的福白菊、浙江桐乡的杭白菊和安徽黄山脚下的黄山贡菊（徽州贡菊）比较有名。产于安徽亳州的亳菊和滁州的滁菊、四川中江的川菊、浙江德清的德菊、河南济源的怀菊花（四大怀药之一）都有很高的药效。

（二）菊花茶DIY

菊花茶深受消费者的喜欢，但菊花茶味微苦、性寒凉。为了让菊花茶受到更多消费者的喜爱，拓宽销售渠道，增加公司收入，我公司拟研发新品种菊花茶，请产品经理们尽快投入研发。

1. 药材我认识

请写出以下药材或食材的名称。

（　　　　）　　（　　　　）

(　　　　)　　　(　　　　)

2. 了解常见食材、中药材功效

菊花茶中可加入其他富有营养的食材或者中药材，以中和菊花味苦和寒凉的属性。以下是常见食材、中药材列表，请你补充完整。

名称	颜色	气味	价格	功效
枸杞				
红枣				
桂圆干				
金银花				
山楂				
蜂蜜				
决明子				
玫瑰花				
牛蒡根				
……				

3. 菊花茶新品我研发

菊花茶新品研发方案

产品名称	
所需原料	
人员分工	
成本估算/元	
初步定价/元	

续表

主要功效	
目标消费人群	
研发过程 （可用流程图或 思维导图展示）	

4. 新品菊花茶产品测评

制作完新品菊花茶后，请对产品进行测评。（最高：★★★★★）

测评对象	甜度	苦度	酸度	颜色清亮	气味温和	功效良好	适用人群多	成本合理
新品菊花茶								
测评意见（在对应选项下画"√"）	非常喜欢		喜欢		一般		不喜欢	

5. 新品菊花茶消费者测评

请对产品测评数据进行分析，可用柱状图、饼状图、条形图、折线图等方式呈现非常喜欢、喜欢、一般、不喜欢的消费者占比。

（三）菊花茶的外包装设计

畅销产品不仅需要好的产品质量，还需要新颖独特的产品包装来吸引消费者。请你为你们研发出的新品菊花茶设计一个有创意的包装，要求如下：

1. 设计合理、美观。

2. 主题鲜明突出。

任务5：产品营销

（一）产品营销我知道

产品营销，通俗来讲，就是通过一定的宣传和广告策略把自己的品牌推广出去，让更多的人知道自己的产品，从而提升产品销量。

（二）设计产品营销计划书

请为本小组研发的新品菊花茶设计产品营销计划书，重点设计出有创意的广告语和宣传海报。

产品营销计划书

一、产品简述

二、产品定价与目标客户

三、产品优势与劣势分析

四、销售目标和销售方式

五、宣传策略

（三）方案项目

你在参加项目的过程中表现如何？各小组的产品经理，一起来评价一下吧。（满分：★★★★★）

评价主体	营销策划能力	营销实践能力	分享交流能力	反思改善能力
自我评价				
同学评价				
教师评价				

"探索四川泡菜之美"项目式学习课程

珠海市香洲区第十二小学　蒋莹

一、课程目标

（一）课程内容概要

随着社会经济的发展，人们的生活水平大幅度提升，人们不仅对食品的种类、外观及口味有越来越高的要求，而且开始追求营养平衡的饮食，倡导健康、绿色、环保、安全、有特点的饮食方式。一个暑假过去了，学校开心菜园的蔬菜迎来大丰收，那么我们可以怎样更好地保存蔬菜呢？最终经过学生的讨论和教师的考量，确定了本学年的劳动项目，即以"探索四川泡菜之美"为主题。在这一项目中，学生不仅能够学会择菜、洗菜等对食材的粗加工技能，还能探寻到食物的营养价值和不同的食用方法。这一项目不仅能够提高学生的动手能力，还能在一定程度上提升学生的独立生活能力。

（二）课程目标

1. 树立正确的劳动观念。了解四川泡菜的起源、发展以及在四川饮食文化中的地位。学习乳酸菌发酵的过程、条件及对泡菜口感和营养价值的影响。

2. 提高劳动能力。通过实践操作和观察，培养科学探究的能力，提高分析问题和解决问题的能力，掌握四川泡菜的制作流程，包括原料选择、预处理、调料配制、装坛发酵等步骤。

3. 养成良好的劳动习惯和品质。通过项目式学习，养成良好的劳动习惯，如细心观察、耐心记录、严谨分析和勤奋实践，以提高工作效率和质量。

4. 弘扬劳动精神。对传统食品文化有兴趣，并表现出尊重。增强团队合作意识和食品安全意识。

二、课程内容

本项目式学习课程让学生在认识开心菜园蔬菜的种类，了解四川泡菜的起源与发展、泡菜的营养价值与使用方法、制作原理与过程的基础上，探索四川泡菜的工艺流程与技巧。本项目主要包括如下内容。

教学内容	建议课时数
四川泡菜的历史与文化背景	1
泡菜的营养价值与食用方法	1
泡菜制作的基本原理与材料选择	1
泡菜制作的工艺流程与技巧	3
泡菜创新实践与成果展示	1

三、课程实施

（一）项目设计概要

本项目设计概要主要包括如下内容。

项目名称	探索四川泡菜之美	课时	7
学科	劳动、科学	年级	五、六年级
项目简述	本课程旨在引导学生深入了解四川泡菜的制作工艺，掌握其制作技巧，同时培养学生的动手实践能力、团队合作能力和创新思维。本课程将结合四川泡菜的历史文化、制作原理、营养价值等内容，让学生在实践中感受传统文化的魅力，增强食品安全意识		

续 表

驱动问题	假设你是泡菜生产商，学校开心菜园蔬菜大丰收，你怎样将未食用完的蔬菜制成泡菜保存？
子问题设计	1.开心菜园蔬菜种类有哪些？ 2.四川泡菜的起源和发展是什么？ 3.泡菜的营养价值和食用方法有哪些？ 4.泡菜的制作原理和过程是什么？ 5.泡菜的创新食材与口味是什么？
项目成果	1.泡菜成品。 2.四川泡菜食谱。 3.PPT演示。

（二）项目设计实践

基于驱动问题"假设你是泡菜生产商，学校开心菜园蔬菜大丰收，你怎样将未食用完的蔬菜制成泡菜保存？"进行项目式学习设计，从学习任务、学习目标、学习活动和学习资源四个方面，回应基于学情分析时所提出的系列问题。

课时数	学习任务	学习目标	学习活动	学习资源
1	开心菜园蔬菜种类有哪些？	1.认识开心菜园的蔬菜。 2.将蔬菜分类	学生分组游览开心菜园，通过已有的资料卡记录蔬菜的名称，并将蔬菜根据叶菜类、根茎类、瓜果类进行简单的分类	开心菜园资料卡、学习手册
1	四川泡菜的起源和发展	1.了解四川泡菜的历史文化背景。 2.认识四川泡菜的地域特色与分类	通过观看课件、视频，了解四川泡菜的起源和发展，分组讨论四川泡菜能流传至今的原因	四川泡菜的课件、视频、学习手册
1	泡菜的营养价值和食用方法	1.了解四川泡菜的营养价值。 2.掌握四川泡菜的食用方法、保存方法	通过观看课件、视频，品尝泡菜成品，了解泡菜的口感、营养价值及保存方法	课件、视频、泡菜成品、学习手册

续表

课时数	学习任务	学习目标	学习活动	学习资源
3	泡菜的制作原理和过程	1.在项目中了解四川泡菜的特点和制作做法。2.通过相互品鉴，进行评价与反思	1.通过观看课件、视频，了解泡菜制作的原理和方法。2.分小组到开心菜园采摘食材，根据操作步骤合作完成泡菜制作。3.观察泡菜的变化过程，并记录下来。4.相互品尝泡菜，对口感、味道进行对比、评价	课件、视频、学习手册
1	泡菜的创新食材与口味	大胆创新，运用广东特色蔬菜制作泡菜	1.根据当地气候和特有的蔬菜，进行泡菜制作，融合广东特色，添加特有调料。2.给创新泡菜起一个有特色的名称。3.课后品尝创新泡菜的口味	学习手册

四、评价维度及成果形式

生活就像一坛泡菜，酸甜咸辣都有，也各具特点。通过本课程的学习，学生不仅能够掌握四川泡菜的制作技巧，还能深入了解其历史文化内涵和营养价值。同时，项目式学习的方式能够培养学生的实践操作能力、团队协作精神和创新思维能力，为其未来的学习和生活打下坚实的基础。

该课程评价主要包括过程性评价、表现性评价和发展性评价等，对学生参与项目的表现进行客观、具体和多维度的评价。

"探索四川泡菜之美"项目式学习课程的成果主要包括：泡菜成品、四川泡菜食谱、PPT演示等。我们提供给学生项目式学习手册以及指导手册，方便学生更好地参与项目式学习。

五、"探索四川泡菜之美"项目式学习手册

四川泡菜又叫泡酸菜,是传统特色菜肴,属川菜系,是居家过日子常备的小菜,是中国四川家喻户晓的一种佐餐菜肴。其味道咸酸,口感脆生,色泽鲜亮,香味扑鼻,开胃提神,醒酒去腻,老少适宜,一年四季都可以制作,但制作时气候环境十分讲究。

一个暑假过去了,学校开心菜园的蔬菜迎来大丰收,那么我们可以怎样更好地保存蔬菜呢?今天就让我们一起走进四川泡菜的世界,探索四川泡菜的制作方法,亲自做一份美味的泡菜与朋友、家人分享吧!

任务1:了解开心菜园

你去过开心菜园吗?开心菜园有什么蔬菜?一年四季的蔬菜一样吗?每个季节都收获哪些蔬菜?这些蔬菜怎么分类呢?

(一)学习目标

1. 认识开心菜园蔬菜的种类及营养价值。

2. 学会将蔬菜进行简单的分类。

(二)学习步骤

(每完成一个步骤就在对应的"□"中打"√")

□ 1. 实地考察开心菜园。

□ 2. 能说出开心菜园中的四种以上蔬菜的品种。

☐ 3. 将开心菜园的蔬菜填写在表格中对应的分类下。

叶菜类	根茎类	瓜果类	其他

☐ 4. 能说出两种以上蔬菜的营养价值和功效。

任务2：了解四川泡菜的历史

四川泡菜的历史是什么？四川泡菜的菜品分类有哪些？

（一）学习目标

1. 了解四川泡菜的历史与文化背景。

2. 认识四川泡菜的地域特色与分类。

（二）学习步骤

（每完成一个步骤就在对应的"☐"中打"√"）

☐ 1. 能说出四川泡菜的起源时间。

☐ 2. 能说出四川泡菜的文化价值。

☐ 3. 能用思维导图的方式记录四川泡菜的分类。

任务3：四川泡菜的价值

四川泡菜的味道如何呢？食用四川泡菜对我们的身体有什么好处？

（一）学习目标

1. 了解四川泡菜的营养价值。

2. 掌握四川泡菜的食用方法、保存方法。

（二）学习步骤

（每完成一个步骤就在对应的"□"中打"√"）

□ 1. 能说出四川泡菜的口感和味道。

□ 2. 能说出四川泡菜的保存方法。

□ 3. 能用思维导图的方式记录四川泡菜的营养价值。

任务4：自制四川泡菜

开心菜园的蔬菜大丰收了，为了方便保存，我们可以自制四川泡菜。制作泡菜需要哪些工具和食材呢？大概需要多久可以吃呢？泡菜制作好了可以跟家人、朋友一起分享，听起来很不错呢！让我们一起尝试制作四川泡菜吧！

（一）学习目标

1. 在项目式学习中了解四川泡菜的特点和做法。

2. 通过相互品鉴，进行评价与反思。

（二）学习步骤

（每完成一个步骤就在对应的"□"中打"√"）

□ 1. 到开心菜园采摘制作泡菜所需的蔬菜。

□ 2. 画出四川泡菜制作的流程图。

我的四川泡菜制作流程图

需要的蔬菜：

用到的工具和调料：

四川泡菜制作流程图：

□ 3. 能写出在制作四川泡菜的过程中遇到的问题及其解决办法。

我遇到的困难1：

我是这样解决的：

我遇到的困难2：

我是这样解决的：

□ 4. 四川泡菜成品品鉴。

组别	色	香	味
第一小组			
第二小组			
第三小组			
第四小组			
第五小组			
第六小组			
第七小组			
第八小组			

任务5：四川泡菜融合粤菜

我们可以把四川泡菜融入粤菜中吗？

（一）学习目标

1. 掌握将四川泡菜融入粤菜菜品中的基本方法和技巧。

2. 培养创新思维和菜品设计能力。

（二）学习步骤

（每完成一个步骤就在对应的"□"中打"√"）

□ 1. 能说出四川泡菜和粤菜的基本特点及烹饪原理。

□ 2. 探讨四川泡菜与粤菜融合的可能性与创新点。

例如，融合点：将四川泡菜的酸辣风味融入粤菜中，为粤菜带来新的口感层次。

创新点：可以尝试将四川泡菜作为调料或配菜，与粤菜中的食材进行搭配，创造出新的菜品。

□ 3. 记录四川泡菜融合粤菜的做法。

具有特色的菜名	
四川泡菜融合粤菜的制作方法	原料准备： 制作步骤：

"校长参观团"校园参观方案项目式学习课程

珠海市香洲区第十二小学　蓝小青

一、课程目标

(一) 课程内容概要

在全球化与信息化日益加深的当今社会，传统的以知识传递为核心的教育模式不再能够满足培养全面发展人才的要求。在这样的背景下，项目式学习以其创新的教学理念，吸引了全球教育者的广泛关注。项目式学习不仅通过将学生置于真实的情境中，探索和解决问题来提升学生的学术成就和参与度，更重要的是，它有效地培养了学生的批判性思维、问题解决能力、团队合作技巧以及自主学习能力等21世纪人才所需的关键技能。

"校长参观团"校园参观方案便是在项目式学习教学模式精髓的基础上精心策划的一场教育实践。本项目为小学五年级和六年级学生设计了跨学科项目，通过策划和执行"校长参观团"方案，结合项目式学习方法，引导学生深入探索校园文化和历史，同时发展学生团队合作、项目规划、沟通交流和创新思维等关键能力。项目分为三个阶段，包括准备阶段、探索与筹备阶段和实施与评估阶段。

(二) 课程教学目标

本课程旨在全面提升学生对学校历史和文化的理解与欣赏，同时通过团队合作解决实际问题的过程，培养学生的批判性思维、创新思维以及演讲、信息处理和动手实践能力。此外，本课程还注重学生团队协作能力的提升。本课程不仅促进学生知识和技能的发展，还激发学生的学习兴趣，鼓励他们主动探索和学习，为其终身学习打下坚实的基础。

二、课程内容

（一）课程概要

1. 项目名称："校长参观团"校园参观方案。

2. 课时：6课时，每周1课时，一共6周。

3. 学科：语文和劳动。

4. 年级：五年级和六年级。

（二）学习目标

1. 能够将信息搜集与语言表达技能相结合，用艺术的形式展现学校历史和文化，同时运用团队合作和项目管理技能促成项目实施，实现学科间的知识和技能融合。

2. 深入了解学校的历史和文化，包括重要事件、人物和校园传统。

3. 提高在团队中有效沟通、协作解决问题的能力。

4. 激发创新思维，提出和实施新颖的解决方案。

5. 提升演讲水平，增强口头和书面表达能力，包括演讲、报告编写和视觉呈现。提高收集、整合和分析各类信息的能力，以及将分析结果转化为实际行动的能力。

6. 激发学习的热情和主动探索的意愿。

7. 发展积极合作的态度，认识到团队合作在解决问题中的重要性。

8. 尊重自己和他人的成果，理解多样性和包容性的价值。

（三）驱动问题

1. 如何设计并实施一次让人印象深刻的校园参观？

2. 通过什么方式可以充分地展示学校的历史、文化和教育成就？

3. 如何充分利用每个团队成员的特长并且有效分工？

4. 如何讲解才能更好地介绍我们美丽的校园？

5. 如何对校园参观的路线进行优化？

（四）课程设计

本课程分为6个课时，每周1课时，每个课时有相应的目标和任务。每课时前安排学生做好课堂准备，课后布置下一个阶段的任务。

课程整体设计如下：

课程	目标	内容	课时数
前置学习	引导学生初步了解校园参观知识	自主学习指引：掌握信息搜索、组织和记录的方法和工具。 观看学校介绍、名校游览等相关视频，或邀请经验丰富的校长进行分享，让学生了解校园参观的意义。 了解本校校园文化	1
项目启动与团队分组	介绍项目背景和目标，完成分组与角色分配	教师介绍项目式学习主题。 学生讨论他们认为成功的校园参观应包含哪些要素，分解任务目标。 学生自发组队，5~8人一组，讨论并确定组内分工	1
信息搜集与方案策划	学生分组进行研究，收集校园信息，准备材料，输出参观方案	校园调研：搜集校园的历史、文化、特色项目等信息，进行实地考察。 设计初步方案：每个小组基于收集的信息，讨论策划内容和创意。 输出初步实施方案：小组形成统一意见，分工合作并输出方案	1
准备材料与模拟排练	完成筹备工作，熟悉流程	准备材料：设计和制作宣传册、校园地图、接待流程表和展示物料等，撰写讲解词。 模拟排练：把所有环节和资料串联并排练，确保每个环节流畅衔接。 优化方案：根据教师的反馈意见细化和调整方案	1
实施与展示	按照策划的方案模拟实施校园参观，进行完整项目展示	实施校园参观：各个小组按照策划的方案模拟接待校长参观团。 展示与分享：每个小组分享自己负责部分的设计思路和实施经验。 反馈收集：收集参观的校长、本校教师和同学的反馈意见	1

续表

课程	目标	内容	课时数
评估与反思	总结和分享学习成果	反思会议：各小组组织总结会议，讨论项目的成功之处和改进空间，分享总结报告。 个人反思：学生撰写个人反思报告，总结在项目中的学习收获	1

（五）学习资源

为了顺利执行"校长参观团"校园参观方案，我们需要提前准备一系列的资源和材料。以下是一个基础的资源和材料清单，体现在项目的3个阶段。

阶段	学习资源（工具/资料）
研究和策划阶段	1.校园历史档案资料。 2.校园地图和相关文献资料。 3.与校园文化和历史有关的书籍和文章。 4.与资深教师的访谈机会
准备和实施阶段	1.宣传册和校园地图的制作材料，包括纸张、颜料、水彩笔等。 2.展板和展示材料，用于制作项目展示板。 3.模拟演练所需的任何特定道具或材料
展示与反馈阶段	1.反馈表格或在线调查工具，用于收集参观校长、本校教师和同学的反馈。 2.视频录制设备，用于记录参观过程和展示，以及后续分析和反思。 3.个人和团队反思表格，供学生记录反思。 4.反思会中所需的讨论指南和提问卡

三、课程实施

（一）项目设计概要

1. 项目阶段划分

阶段	描述	时间安排
准备阶段	学生接受前置培训，掌握必要的方法、技巧和工具。教师介绍主题，学生组建团队，设定目标，分配角色，分解任务	第1—2周

续表

阶段	描述	时间安排
探索与筹备阶段	各个小组搜集资料，策划初始方案，开展筹备工作，制作物料，排练各个环节	第3—4周
实施与评估阶段	各个小组进行模拟演练，分享思路和成果，接受老师和同学的反馈。开展项目评估，小组总结，个人反思	第5—6周

2. 角色与职责分配

角色	职责
学生	分组合作，执行项目任务，参与所有项目阶段的活动
教师	提供指导、资源，监控进度，给予反馈
校外专家	提供专业知识支持，参与评估
家长	参与项目活动，提供外部资源

3. 预期成果

成果类型	描述
小组成果	1.校园参观实施方案。 2.接待流程表和参观路线图。 3.校园宣传物料。 4.解说词
学生报告	1.小组总结报告。 2.个人反思报告

（二）项目设计与实践

阶段	活动	描述
准备阶段	团队建立和角色分配	学生自行分组，选择项目主题，分配团队角色
探索与研究阶段	关键问题探索和信息搜集	通过网络、图书馆等资源，收集与项目主题相关的信息

续 表

阶段	活动	描述
实施阶段	初步方案设计	基于收集到的信息，讨论并设计初步的项目方案
	实施方案	按照计划实施项目，包括实地调研、实验、数据收集等
	制作成果	根据项目需要，制作报告、演示文稿、模型等成果
展示与评估阶段	组织展示活动	安排时间和地点，邀请观众，展示项目成果
	反馈收集和评估	收集来自教师、同学、校外专家等的反馈，进行自我和小组评估

四、评价维度及成果展示

展示是项目式学习的重要组成部分，它不仅是学生展示所学知识和技能的机会，也是他们接受反馈、进行反思的重要时刻。以下是一些关键要点，旨在帮助学生进行有效的展示。

（一）展示内容

1. 个人与团队成果：每个小组准备一个综合性展示，介绍他们的校园参观方案，包括策划思路和实施过程。展示形式可以是口头报告、PPT演示、视频展示或线上展览等。

2. 学习任务单：学生个人和团队填写任务单，记录项目的关键步骤、个人贡献和反思。

（二）展示的形式和平台

1. 形式：口头报告、PPT演示、视频展示、展览会等。鼓励学生根据项目特点和个人优势选择最适合的展示形式。

2. 平台：根据学校资源和条件，展示可以在班级内进行，也可以邀请学校其他班级的学生、教师及家长参与。如果条件允许，也可以考虑线上展示，如校园网站或社交媒体平台。

（三）设计评价标准和反馈表格

1. 评价标准：明确展示评价的标准，这些标准应与项目式学习目标相对应，涵盖内容的深度、表达的清晰度、视觉材料的有效性等方面。

2. 反馈表格：设计反馈表格，便于同伴、教师、参观校长等提供有建设性的反馈。反馈可以包括展示的优点、改进的建议等。

3. 学习过程档案：学生将创建个人学习过程档案，记录项目进展、团队互动、个人反思等，作为学习成长的证据。

（四）评价规划

阶段	目的	评价内容
过程中的评估	监测学生在项目过程中的进展，及时调整教学策略	观察清单：教师记录学生在团队合作、问题解决和项目管理等方面的表现。 小组进展报告：定期提交，反映项目进度和团队协作情况。 同学评价：团队成员互评贡献度和表现
项目结束后的总结性评估	评估学生整体表现和项目成果，以及学生达到学习目标的程度	学生自我反思报告：学生总结个人在项目中的学习和成长。 小组评估：包括小组之间互相评价和小组内成员评价。 教师评价：基于预设的评估标准，教师对学生的整体表现进行评价。 校长团反馈：参观的校长团成员填写参观反馈表，对学生整体表现进行点评

（五）评价维度

1. 项目策划和实施能力：评价学生在项目策划和实施过程中的组织能力、创意应用和执行效率。

2. 团队合作和沟通技巧：评价学生在团队工作中的协作态度、沟通效果和角色承担。

3. 校园文化理解与传达：评价学生对校园历史文化的理解深度，以及他们在项目中如何有效传达校园文化元素。

4. 反思与成长：通过学生的个人反思报告和学习过程档案，评价学生的自我评估能力和在项目中的成长。

（六）项目式学习的成果展示

成果类型	成果清单	评价方式
个人成果	校园历史文化资料，参观地图，解说词等	班级展示，互评互议
团队成果	"校长团参观"策划方案，策划思路及过程展示	实践演练，各个小组互评，邀请校长或教师参与点评

五、"校长参观团"校园参观方案项目式学习手册

任务1：我是学校小主人

在这个美丽的校园里，每天都发生着有趣的事情。作为学校小主人，你会如何向客人介绍我们的美丽大家庭呢？

（一）最美校园行

1. 播放名校参观纪录片，在观看名校的参观行程中你一定有不少感触吧！回顾并思考这场参观之旅留给你印象最深的是什么。

2. 请同学们讨论一下，并完成如下任务单。

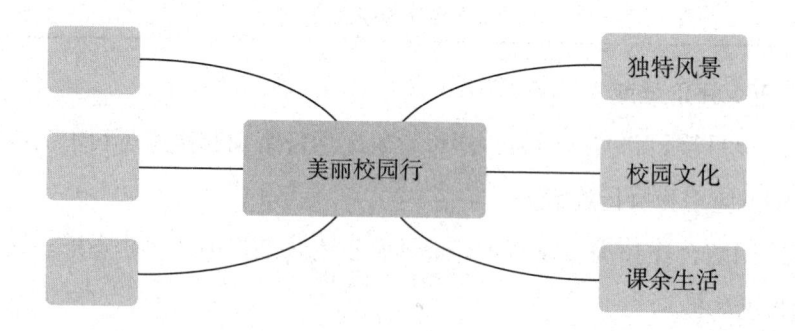

美丽校园行 — 独特风景、校园文化、课余生活

（二）小小记者——发现美的眼睛

1. 什么样的校园参观之行才会让人流连忘返呢？应该包含哪些要素？

2. 设计一个调查表，询问老师、同学、校长，什么样的校园之旅是你心中的最美之旅？

任务2：游览设计师

我们将迎来优秀的校长团来学校参观，现在让我们来合作策划一场美妙的校园参观之旅吧！

（一）分解任务

同学们化身为设计师，将这个大任务分解成若干小任务吧！（设计意图：经历多元的学习实践。参与参观路线设计的同学不仅需要调研、建模、方案撰写等多项技能，更需要团队协作，不断换位思考，最终形成提出问题、思考问题和解决问题的设计思维。）

我们需要完成的大任务	分解后的小任务	需要搜集的资料、渠道	需要的角色
策划"校长参观团"的校园参观之旅	小任务1：		
	小任务2：		
	小任务3：		
	小任务4：		

（二）你我同创造

一场美妙之旅离不开我们的创意碰撞，你愿意在小组中做哪些事情呢？

在分解任务的时候，我们看见不少同学都列举出游览图、讲解词等小任务。在分配任务的时候，希望小组成员们遵循以下原则：

1. 主动地表达自己的意愿。

2. 在确定小组角色分配的时候，让每个同学都填写希望发展的技能。例如，一名同学希望发展的技能是演讲，那就可以多给他一些当众演讲和表达的机会，将"项目汇报员"作为他的第二角色。

小组成员	角色	特长	主要职责	希望发展的技能（希望承担的第二角色）
成员1				
成员2				
成员3				
成员4				
成员5				
成员6				
……				

任务3：参观路线我规划

校园是我们每天生活的地方，在校园里，我们遨游在知识的海洋中，我们可以在操场上追逐、在草丛里观察昆虫、在图书馆里阅读书籍……学校的每一个角落都奇妙无比。

可是，学校那么大，你真的清楚学校的所有重要场地及最优参观路线吗？更何况是第一次来校参观的外宾了……为了方便学校来访的领导、教师和其他访客快速了解学校的景点及参观路线情况，根据上节课确定的任务，这节课我们一起来规划一下学校参观路线吧！

（一）校园特色我发掘

请同学们带上任务单，实地考察并和小组成员讨论，哪些校园景色值得推荐客人参观。

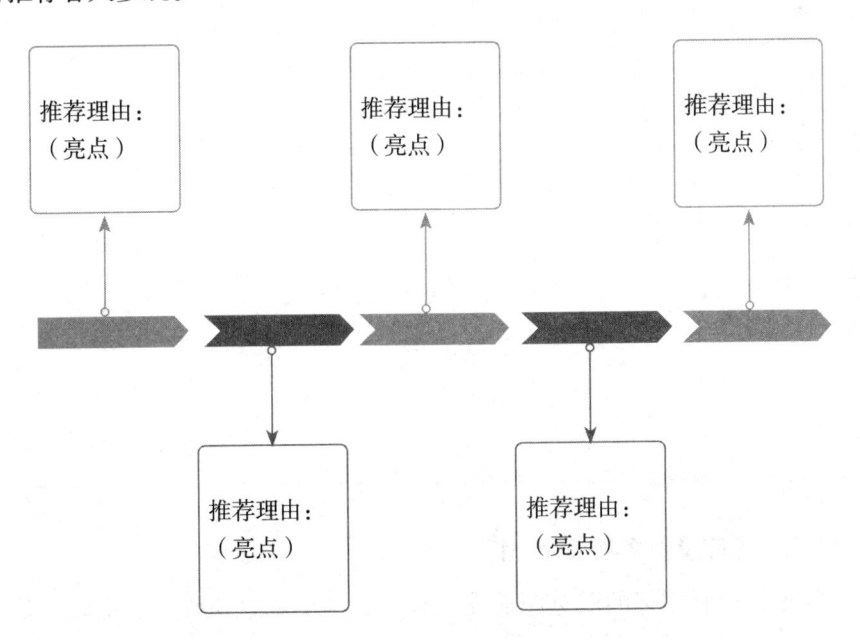

推荐理由：
（亮点）

推荐理由：
（亮点）

推荐理由：
（亮点）

推荐理由：
（亮点）

推荐理由：
（亮点）

（二）校园游览图我来画

相信同学们经过仔细的勘察，再结合我们学校的特色，心中一定有了一幅美妙旅途的游览图。拿起画笔，一起画一画吧！也可以将画好的游览图制作成宣传手册。

学校游览图

（三）画廊漫步之我来评一评

各小组把制作好的游览图贴在黑板上，学生观察和欣赏游览图，觉得哪幅作品更佳，就在便笺纸背面写上自己的点评或者点赞的内容。

温馨提醒：

1. 在观察和欣赏的过程中带上纸笔，留心记录。

2. 点赞或留下新发现，提点小建议。

3. 各小组汇总反馈，准备汇报。

过程评价表

评价内容	评价指标	自评	互评	教师评
协作沟通	能和同学相互合作			
动手能力	能主动参与游览图的设计并对其进行美化			
表达能力	能在组内流畅表达自己的想法和意见，与组员友好沟通			
拓展应用	主动分析问题，解决在制作过程中的各种问题			

任务4：我是小小讲解员

之前通过查找资料和实地考察，我们明确了校园游览的路线。如何让校园更加生动呢？这就需要"小小讲解员"出场啦！

（一）我心目中的优秀讲解员画像

我们都曾经去过博物馆或者城市景点，回忆一下，那里的讲解员给我们留下怎样的印象？有什么值得我们借鉴的呢？

优秀讲解员看上去应该是怎样的？	优秀讲解员说话是怎样的？	优秀讲解员在讲解时是怎样做的？	优秀讲解员给人什么样的感受？

（二）撰写讲解词并试讲

组内合作完成游览图中的讲解词撰写并进行试讲。

各小组可以尝试根据以下步骤完成：

列举提纲—文本修改—模拟演讲—形象凝练—小组试讲。

（三）复盘与思考

1.你在小组的讲解演示中，对校园的哪个地方有了新的认识？

2. 通过讲解员的模拟演练这一过程，你在小组中发挥了什么样的作用，学到了哪些知识和新技能？

3. 你发现哪位组员的表现特别值得你点赞？为什么？（满分：★★★★★）

我心目中的优秀讲解员：

"小小讲解员"评星标准	评星
条理清楚，重点突出	
能根据观众的反应及时调整讲解内容	
语气语速自然流畅	
有表情或动作辅助	

任务5：我来带您逛校园

凡事预则立，不预则废。亲爱的同学们，经过一系列的拆解任务，我们今天进入模拟演练吧！在行走的过程中发现问题，解决问题，也是我们成长的关键一步哦！

我来带您逛校园：

1. 准备工作：每个小组邀请两位同学作为"品鉴官"进行"逛校园"的演练。小组可以互换成员，也可以邀请老师或者家长参加。

2. 成员角色：组长负责组织本次演练的统筹安排，合理安排时间，随时调整等；"品鉴官"认真记录并评价本次"逛校园"的活动。

3. 填写"我来带您逛校园"评价表（满分：★★★★★）。

评价内容	评星	补充建议
参观流程顺畅，时间安排合理		
讲解认真，表述清楚		
推荐地点有特色，凸显校园文化		
游览图清晰明了，有吸引力		
游览整体体验		

任务6：小组分享会

相信大家经过一个多月的学习，对学校的每一处风景都有了更深的了解，也用脚步丈量了每一寸土地。你与校园的感情是否更加深厚了呢？小组和小组之间见证了彼此的成长，是不是发现了同学的亮点，自己也增长了不少技能呢？

（一）小组分享参与项目过程体验

各小组上台分享在项目中的学习准备、合作学习、解决问题的体验，并评选最佳小组。

（二）反思与总结

安静思考并填写下表，并在小组内分享"我的学习与思考"。

我的学习与思考	
我过去参观校园是什么样的感受？	
我现在参观校园是什么样的感受？	
从"校长参观团"这个项目中我学到了什么？	
对于这个项目，我还想知道什么？	
我在这个项目过程中的三个收获	
我认为在这个项目中我还能改进的两个问题	
在实践期间感觉很好的做法	

（三）评选我心目中的"小明星"

小组协作互评表				
评价项目	小组成员1	小组成员2	小组成员3	……
在大部分时间里踊跃参与，表现积极（满分3分）				
他的意见对我很有帮助（满分3分）				

续 表

小组协作互评表				
评价项目	小组成员1	小组成员2	小组成员3	……
他经常鼓励或督促小组成员积极参与协作（满分3分）				
他对小组贡献突出（满分3分）				
如果有机会我非常愿意与他再分到一组（满分3分）				

（四）项目颁奖仪式

恭喜以上小组及获奖的同学，也恭喜大家！同学们能在这个过程中收获良多，本身就是人生的一种成长！

相信我们的校园因为大家的参与会有更好的变化，也可以把这种经验传授给学弟学妹们，还可以分享给来参观校园的"幼小衔接"的小朋友们。你们的经验非常宝贵！相信你们一定能学以致用，为学校作出更多的贡献！